이런게

많아졌으면

청년 X 도시재

빵빵 in Jeju
X 나비날다

Hello

What Would do? 20

이런

많아졌으면

청년 X 도시

빵빵 in jeju
X 나비날다

Hello

What Would do?

새·상·사의 첫 이야기

반드시 열어야 하는 새로운 내일

지역공동체, 전염병, 기후, 기본소득

(사)새로운일상을여는사람들 엮음

도서출판
다인아트

들어가는 글

세계 여론조사기관인 갤럽에서 2022년 우리 국민의 기후변화와 지속가능성 인식을 조사하니, 93%가 인류에게 심각한 위협으로 다가올 것으로 느낀다고 응답했습니다. 이 위기 극복을 위해 정부와 기업이 나서야 한다는 생각도 가장 강한 것으로 조사되었는데, 이런 시민의 정서가 최근 선거에 그대로 반영되고 있음을 봅니다. 2024년 22대 국회의원 선거 즈음에는 기후 문제에 민감하게 생각하며 투표하겠다는 '기후 유권자'가 한국인의 1/3이라는 언론 보도가 나오기도 했지요.

2025년 21대 대통령선거 정책토론회를 주관한 중앙선거방송토론위원회는 기후위기 주제를 처음으로 채택했습니다. 예년에 없는 기후변화로 심각해지는 국내외적인 기상이변과 감염병으로 위기의식이 커진 시민사회의 분위기를 적극적으로 반영한 결과로 보입니다. 한국 사회가 직면한 가장 시급한 문제 중 하나인 기후위기 대응에 대한 차기 대통령 후보들의 생각이 어떤지, 정책에 어떻게 반영하려고 하는지, 중앙선거방송토론위원회는 유권자가 후보의 진정성 있는 의지를 파악할 수 있도록 논의마당을 연 것이겠지요. 그럼에도 기후위기를 거론한 후보는 두 명에 그쳤는데, 이번 선거에서 대통령으로 선출된 이재명 후보는 당시 토론에서 기후위기는 약자에게 더 큰 피해를 주기 때문에 단지 환경문제가 아니라 사회 정의 문제로서 '정의로운 전환'이 필요하다는 점과 재생에너지 확대 전환을 밝혔지요.

2020년 초부터 우리 사회와 세계는 바이러스 '코로나19' 창궐로 혼란에 휩싸였습니다. 각국 정부와 의료 전문가는 물론이고 내로라 하는 사회학자마다 원인을 진단하고 대응책을 찾아내려고 최선을 다했습니다. 5년이 지난 오늘, 그 위기의식은 꽤 희석되었지만 명확한 원인과 대응책은 마련되었을까요? 확신하기 어렵습니다.

전문가의 헌신이 모자랐다는 뜻은 아닙니다. 기후위기에 이은 감염병이 창궐할 수밖에 없게 만든 우리의 일상, 생태계의 안정성을 치명적으로 파괴한 우리의 일상을 획기적으로 바꿔야 한다는 처방은 회피되었기 때문입니다. 익숙해진 일상을 바꾸지 않아서 위기가 더욱 악화하면 미래세대에 파국을 안길 수밖에 없다는 사실을 외면하고 있는 거지요.

　5년 전, '새로운 일상을 여는 사람들'이 모인 이유가 바로 거기에 있습니다. 후손들이 생존할 지구 환경을 돌이킬 수 없도록 파괴하며 얻은 현재의 편안한 일상은 미래세대의 기준으로 다시 평가하면 탐욕으로 비판될 것입니다. 점점 견디기 어려워지는 기상이변과 세계적으로 무섭게 번지는 감염병은 이제 우리에게 새로운 일상을 촉구합니다. 사회적 동물인 사람에게 그간 비대면 관계는 상상하기 어려웠지만 생존을 위해 '언택트'(untact)해야 한다고 서로 경계하는 상황에 이르고 말았습니다. 나는 물론이고 가족과 이웃의 생명까지 해칠 수 있다고 하니까요. 이 당황스러움과 공포에서 벗어날 삶은 무엇일까요? 인간의 자업자득에 따른 재앙이라는 자각이 필요합니다. 죄책감과 반성적 자세로 후손들에게 극복해야 할 책임감을 보여주어야 합니다. 세계에서 가장 가난한 대통령 호세 무히카는 "지구를 사랑하고 다음 세대를 보호하고 이웃과 사귀는 것이 뒷받침되는 발전이어야 한다."라고 주장했습니다. 얼마 전 세상을 떠난 그의 삶은 미래세대에 조금도 부끄럽지 않았어요.

　6년 전 세상을 떠난 생태운동가 김종철 선생은 "아름다운 이 세상은 내버리기 터무니없이 아깝다." 하면서, 세상의 아름다운 이야기를 기탄없이, 스스럼없이 나눠야 한다는 말씀을 남겼습니다. 세상에 남은 우리가 미래세대를 생각하며 해야 할 일은 무엇일까요? 그래서 '새로운 일상을 여는 사람들'이 모여 앉았고 그 실천 활동으로 '내버리기 아까운 세상'의 아름다운 이야기를 나누고 이를 영상으로 전파하기로 했습니다. 7월 무더운 날씨에도 마스크를 쓰고 촬영 카메라를 준비해서 첫 영상을 찍은 이래 우리는 마음과 시간을 모아 새로운 일상을 찾으려는 사람들, 새로운 일상을 고민하는 사람들을 만났고 또 작지만 따뜻한 공동체를 찾아 격려하면서 서로의 힘이 고양되는 시간을 공유했습니다. 미래세대의 행복한 생존을 위해 우리의 일상을 어떻게 바꿔야 하는지 고민했습니다. 기본소득과 지속가능한 내일을 이야기했습니다. 이분들과의 속 깊은 이야기를 31회 동안 영상에 담아 유튜브 방송으로 전파했고, 이젠 그 이야기를 책으로 엮으려고 합니다. 마치 힘든 농사 끝에 얻은 또다른 수확물처럼, 작지만 큰 보람을 담은 사연을 문자로 더 정돈하여 더 많은 독자와 나누고 싶습니다.

유튜브 영상을 책으로 만드는 일이 쉽지 않아서 그 과정에서 몇가지 사항이 고려되었습니다, 그간 방영된 영상을 주제에 따라 4장으로 나누고 각 장의 첫 글은 우리가 이야기하고

자 하는 주제를 안내하는 내용으로 박병상 대표가 새로이 작성해서 추가했습니다. 또한 4가지 주제로 글을 소개하려니 방송 순서와 다소 달라졌고 따라서 글의 계절과 시기도 왔다갔다 하는 점은 양해를 부탁합니다. 덧붙여 이번 책에는 사정상 그간 방영된 모든 영상분을 담지 못한 점이 아쉽습니다. 다음에 발간될 책에 남은 부분을 수록할 계획임을 말씀드립니다.

강화에서 영상 촬영하고 돌아오던 길, 갯벌 위의 아름다운 석양을 보며, 행복이 지속할 수 있어야 한다는 사실을 절감했습니다. 행복은 부유함이 아니라 아름다움이어야 하니까요. 오늘의 작은 활동이 내일의 희망으로 이어지길 기원합니다. 정신적 경제적으로 위기인 한국 사회에서 위기를 기회로 바꿀 힘의 원천 - 아름다운 미래를 일구는 사람들과 작은 공동체들을 찾아 서로 격려하며 세상을 바꾸어나가려고 합니다. 그래서 '새로운 일상을 여는 사람들'의 영상과 책은 힘에 부치더라도 계속 이어나갈 생각입니다. 성원을 부탁합니다.

㈔새로운일상을여는사람들 이사장 홍미영

추천의 글

사단법인 '새로운 일상을 여는 사람들'(새상사)은 실천 활동의 일환으로 내버리기 아까운 세상의 아름다운 이야기를 나누고, 이를 영상과 책으로 전파하려고 행동한다. 2020년 봄 감염병의 위협이 한창일 때 시작된 '새상사'의 활동은 31회의 유튜브 방송을 이어왔고, 그 과정에서 얻은 귀중한 대화 자료를 바탕으로 첫 책을 엮은 것이다. 이 책은 유튜브 방송에 참여한 사람들의 의도를 살려 사실상 대화 내용을 가감 없이 실었기에 참여자의 생각이 자연스럽게 잘 드러났고, 읽기에 어려움이 없다.

책은 기후위기, 기본소득, 감염병, 미래세대를 위한 제언이라는 4개의 큰 주제를 정하고, 그 아래에 큰 주제에 담긴 내용에 맞게 소제목을 붙여 편성하고 있다. 큰 주제들은 다 알다시피 현재 세계가 당면하고 있는 전 지구적인 보편적 문제인

동시에 우리 사회가 가장 진지하게 다루어야 할 과제이기도 하다. 따라서 기후위기 등, 큰 주제가 안고 있는 정치 사회 경제적 핵심 내용을 체계적으로 담아내 독자의 이해를 돕는다.

모든 대화는 사단법인 '새상사'의 홍미영 이사장과 인천환경운동연합 박병상 대표가 이끌고 있다. 홍 이사장의 매 주제에 대한 홍미로운 소개로 여는 대화는 박병상 대표의 과학적 생태적 보완으로 연결되고, 이어서 참여자의 자유롭고 창의적 토론으로 계속되는데, 여기서 새로운 생각과 아이디어가 폭넓게 덧붙여져 주제에 담긴 문제점들이 부각된다. 이리하여 큰 주제와 그에 이어지는 다양한 소주제들은 서로 빈틈없이 어울려 마치 날줄과 씨줄처럼 풍성한 지식의 하모니를 이루고 있다.

대화 참여자들은 각자 적절한 해결 방안을 제시하고 있는데, 그것들은 우리 사회가 현재 나아가고자 하는 바람직한 방향과 직간접적으로 맞닿아 있다. '새상사'는 이 과제들을 해결하는 가장 바람직한 형태는 문제들을 맞닥뜨리는 현장에서 해결하려고 애쓰는 사람들이 나서야 한다고 주장하고 있다. 최근 서구에서 시도되고 있는 풀뿌리 민주주의, 직접 민주주의, 숙의 민주주의의 한국적 모색으로 보아야 할 이 운동이 앞으로 어떻게 변화 발전해 갈지, 기대되는 부분이다.

한편 이 책은 대화 참가자들이 주장하는 모든 시민운동에 필요한 재원 조달을 위해 정부가 적극적으로 나서 줄 것을 강조한다. 아무리 좋은 지역 주민들의 개혁 내용이라도 정부의 관심이 뒷받침되지 않으면 성공하기 어렵다. 지난 6월의 대선으로 새로운 정부가 들어선 만큼 행정 당국자들이 '새상사'의 주장에 귀 기울일 필요가 있다. 아무쪼록 이 책에서 논의된 내용들이 더욱 확산되어 우리 사회의 민주주의 발전에 기여하기를 바란다.

전 헌법재판관 이석태

차례

들어가는 글   03
추천의 글   08

1장 기후위기 극복할 15분 자족도시

1. 마을에서 문화와 전통을 엮어 세계를 구하자는 청학동 사람   21
2. 개항장 건물의 기억을 새로운 가치로 담아서   31
3. 지역의 진주, 작은 책방에서 날아오르다   39
4. 81년 만에 시민 품으로 돌아온 미군부대   51
5. 예술 놀이터로 활짝 열린 폐공장의 기억   62
6. 기후위기를 극복하는 도시농업의 가치   69
7. 지역에서 모색하는 기후위기 대안, 재생 가능한 에너지   77

2장 기본소득이 안내하는 새로운 내일

1. 기후위기 시대, 생존을 위한 기본소득   96
2. 농촌과 농민, 그리고 기본소득   144
3. 지역의 문화예술과 기본소득   157
4. 청년의 내일을 지킬 기본소득   164

3장 무서워질 감염병에 대처하는 새로운 일상

1. 코로나19가 소환한 새로운 일상은 공동체 — 188
2. 코로나19 이후의 라이피즘은 생태적 삶 — 199
3. 좋은 쌀, 지속 가능한 농업은 지역에 있다 — 210
4. 문화마저 비대면 언택트라니 — 220
5. 코로나19 이후 붕괴할 신화, 그리고 장소 — 229
6. 코로나19 시대에 더욱 중요한 의료복지공동체 — 240

4장 미래세대를 먼저 생각하는 지속가능성

1. 지속 가능하도록 발전하는 사회 — 260
2. 기후와 생물 다양성 위기, 그리고 22대 국회 — 289
3. 기후위기에 대응해야 할 국회의원 — 311

나가는 말 — 336

일러두기
2020년 7월부터 2024년 7월까지 총31회 영상중 25회를 녹취·정리했습니다.
주제별로 나누었으므로 글의 배치는 영상회차와 다릅니다.
각 장의 첫 글은 독자의 이해를 돕기 위해 편집 전에 추가했습니다.

PART 1

기후위기 극복할 15분 자족도시

기후위기 극복할
15분 자족도시

황금시간이면 유명 연기자를 내세우는 아파트단지 광고가 나옵니다. '리조트'를 앞세우는 아파트단지도 있는데, 아리송하게 인적 드문 외곽이더군요. 이렇다 할 경관이 없는데, 리조트라니요? 분양이 얼마나 저조하면 광고를 동원할까 싶은데, 솔깃한 사람이 몰려 모두 분양되면, 시내로 이어지는 도로는 무척 붐비겠군요. 출퇴근에 시간 빼앗기는 주민은 퇴근 후 지쳐 쓰러지고 싶을 텐데, 리조트처럼 꾸몄으니 정 붙일 수 있을까요?

인천시 주안 일대를 비롯해 전국 도시의 역사가 깊은 지역마다 재개발이 한창입니다. 대부분 초고층으로, 분양 가구 수를 크게 늘릴 태세인데, 돌연 분위기가 바뀐다네요. 경기가 떨어지는지 재개발 중단이 속출한다는 소식도 들립니다. 막히던 도로는 재개발 이후 괜찮을까요? 교통이 걱정의 전부일 수 없습니다. 낯선 사람이 많으면 도시는 외로워집니다. 초고층으로 다닥다닥 붙은 아파트에서 다정한 이웃을 만나기 어려우니까요.

낯모르는 주민이 무표정하게 뒤섞이는 아파트에 '정주의식'은 깃들지 못합니다. 이웃 사이의 유대감을 의미하는 '정주의식'이 없는 마을은 편의시설이 아무리 훌륭해도 쓸쓸합니다. 이웃보다 투자가치에 민감하니까요. 건설 자본의 이익을 최우선으로 고려한 아파트단지는 지역의 문화와 역사에 관심을 기울이지 않아요. 낯 모르는 이가 잠시 머물다 떠나는 아파트에 사는 주민은 지역에 삶의 뿌리를 내리지 못하죠. 층간소음과 주차장 부족에 시달리며 갈등과 마주할 때, 허심탄회하게 의견을 나눌 이웃을 찾지 못합니다.

대안이 없지 않아요. 유럽의 유서 깊은 도시를 볼까요? 문화재 보존 정책으로, 도로를 넓히지 못하는 유럽은 15분 도시를 지향합니다. 승용차 없이 15분 이내 돌아다닐 공간 안에서 일상이 가능한 도시를 만드는 겁니다. 프랑스 파리가 대표적으로, 자동차에 빼앗겨 느려터진 도로의 폭을 줄여 자전거와 보행자에 돌려주더니 과감하게 주차장을 없앴습니다. 민원이 들끓었을까요? 반대였습니다. 그에 호응해 자동차를 버린 시민은 걷거나 자전거를 이용하면서 느긋한 일상을 누립니다. 공원이나 마을회관에서 지역 문제를 이웃과 논의해 해결합니다. 덕분에 민주주의는 두터워졌습니다.

15분 도시는 넓은 도로가 필요 없습니다. 걷거나 자전거로 15분 이내에 학교와 관청, 시장과 병원을 찾을 수 있으니 굳이 승용차를 타려고 하지 않죠. 직장이 멀면 대중교통으로 해결하는 지역은 마을입니다. 어디에 사는지 서로 잘 아는 이웃은 다정다감합니다. 5분 걸어 찾을 수 있는 공원에서 자주 만나니까요. 도시에서 15분은 거리와 시간을 단축하는 개념이 아닙니다. 의식주를 최대한 자급자족하는 도시를 의미합니다. 학교와 관공서가 가까이에 있고 시장은 물론, 직장도 멀지 않아요. 그래서 "자급이 가능한 15분 마을"입니다.

생활협동조합 운동에 헌신한 일본의 경제사상가 우치하시 가츠토(內橋克人)는 일찍이 'FEC 자급권'을 제안했습니다. 식량(Food)과 에너지(Energy)와 복지(care)를 자급해야 마을이 지속 가능하다는 주장인데, 15분 자족도시의 핵심입니다. 한데, 사방이 콘크리트와 아스팔트로 뒤덮인 도시에서 식량과 에너지 자급이 가능할까요? 포기할 이유는 없어요. 자연은 모든 사람이 필요한 것을 충분히 채워주지만, 한 사람의 탐욕은 해결하지 못한다고 말한 간디는 자립하는 70만 개의 마을이 교류하는 인도를 희망했습니다. 모든 걸 자급할 수 없는 마을이지만, 얼마 전의 우리 5일장처럼, 이웃 마을과 나누면 모자라는 부분을 채울 수 있습니다.

마을은 조금씩 다릅니다. 농촌과 어촌은 도시에 먹을거리를 제공하고 도시는 물건을 만들거나 교육을 담당하죠. 도시의 마을도 마찬가지입니다. 책방 거리가 있고 음식점 동네도 있으니까요. 젊은이가 붐비는 거리와 전통 공예품을 만드는 마을이 있습니다. 마을마다 성격이 다르고 구성원도 다를 것입니다. 텃밭을 일구는 젊은이가 있다면 폐기한 공장지대를 문화창작공간으로 바꾼 건축가도 있습니다. 기후위기에 대응하자면서 태양광 패널을 지붕에 붙이는 활동가도 있지요.

기후변화는 학자의 예상보다 빠르게 위기를 향해 진행됩니다. 지구 평균기온이 산업화 초기보다 섭씨 1.5도 이상 오르면 위험하므로 온실가스 배출을 획기적으로 줄여야 한다고 말하는데, 벌써 1.5도를 넘어섭니다. 관측 이래 가장 높은 기온이 해마다 경신됩니다. 해수면도 예상보다 빠르게 상승합니다. 폭염에 이은 가뭄과 산불이 걷잡을 수 없는데, 우리는 어떤 내일을 미래세대에 물려주어야 할까요? 자식 키우는 사람은 답할 수 있습니다. 안정된 환경입니다. 하지만 생태계는 점점 크게 훼손되고 사람들은 화석연료 소비를 자제하지 못합니다.

기후위기로 파국이 다가와도 우리는 결코 생존을 포기할 수 없습니다. 위기를 최대한 늦추려면 생태계와 환경의 회복탄력성을 키워야 합니다. 미래세대가 누려야 하는 건강한 내일이 지속해서 이어지길 원하므로, 우리가 사는 지역의 회복탄력성을 높여야 합니다. 어떤 방법이 좋을까요? '15분 자족도시'입니다. 지역의 독창성을 적극적으로 배려하며 서로 돕는다면 뜻하지 않은 변화에 대한 충격을 이겨낼 수 있어요. 회복탄력성이 커지는 겁니다. 다가올 위기에 대처할 힘이 세집니다.

건강하고 행복한 마을은 시민과 더불어 만들 때 가능합니다. 마을에서 에너지와 농산물을 최대한 자급하며 쓰레기를 스스로 해결하려 노력할 수 있어요. 지방자치단체는 주민과 소통하면서 마을 문제를 도울 수 있을 겁니다. 희로애락을 공유하는 이웃은 마을이 당면한 문제의 대안을 찾아내고 정주의식은 뿌리내립니다. 정주의식이 뿌리내린 주민은 여간해서 마을을 떠나려 하지 않을 것입니다. 하늘 높은 줄 모르는 초고층으로 일관하는 도시에서 엿보기 어려운 면모가 아닐 수 없습니다.

전에 없던 기상이변이 끔찍하게 다가오는 나날입니다. 탐욕스러운 화석연료 낭비 때문인데, 우리나라도 예외가 아닙니다. 초고층 빌딩을 밀집시킨 도시일수록 기후위기로 인한 재난이 빠르게 닥칠 수 있어요. 해수면이 빠르게 상승하는 인천은 농산물과 해산물이 풍부한 섬이 가까워요. 15분 자족도시를 고민해야 한다는 뜻이지요. 다른 도시도 가능성을 찾을 수 있어요. 도시의 여러 마을이 서로 소통하면서 의식주를 나누는 15분 FEC 자급 마을을 꿈꾸며, 지역을 일구는 보석 같은 사람을 만나봅니다.

1

마을에서 문화와 전통을 엮어
세계를 구하자는 청학동 사람

홍미영 안녕하세요. 우수 지나니까 봄기운을 느끼나요? 정월 대보름이니 소원을 비는 시간을 가졌을 텐데요. '새로운 일상을 여는 사람들'은 연수구 청학동을 찾았습니다. 겨울에 코로나19 위력이 줄어들 것으로 기대했지만, 아니네요. 올겨울에 눈이 많았다고, 추웠다고, 강풍이 전에 없었다고 염려했는데, 미국은 더 난리죠?
텍사스는 역대급 한파와 폭설, 정전으로 70% 주민이 대피소로 이동했다고 합니다. 공장이 안 돌아가는 것도 당연히 큰 피해죠. 근처 바닷가는 한파로 바다거북 수천 마리가 실신해서 구조했다는 보도가 있었어요. 북극에

GUEST **윤종만** 전)청학동마을공동체 대표

서 이상기후가 다가오더니 온난한 지역까지 뒤덮는 현상입니다. 이런 재앙은 지역에 국한하지 않고, 동물과 사람을 힘들게 합니다. 앞으로 시기를 종잡지 못 할지 몰라요.

사자성어 하나를 소개합니다. 새얼문화재단에서 보낸 서신에 '조이불강 익불석숙'(釣而不綱 弋不射宿)이라 사자성어가 포함되었는데요. 뜻이 참 좋습니다. '낚시하되 그물로 잡지 말고, 새를 잡되 둥지 안의 새는 화살로 잡지 마라'는 뜻이라고 합니다. 한 마디로, 측은지심, 배려와 여유입니다. 코로나19 시대를 겪는 우리가 새길 말씀이죠. 주위를 살펴보는 마음으로 한해를 극복하자는 의미라 생각해서 나누었습니다.

오늘 우리는 청학동으로 왔습니다. 지리산은 아니고, 연수구 청학동의 '마을과 이웃'이라는 공동체입니다. 교류를 실천하며 20여 년 동네를 따뜻하게 이끈 윤종만 대표를 모셨습니다. 그리고 청학동 인근에 사는 인천환경운동연합 대표, 우리 모임의 박병상 대표도 오셨습니다. 윤종만 대표는 청학동에서 20년 넘게 공동체 활동하셨는데, 마을공동체 공간에 전시한 사진과 쌓인 자료를 바탕으로 백서를 만드셨네요. 두툼한 마을활동백서는 보기 쉽지 않아요. 마을활동을 어떻게 하셨는지, 소개를 부탁합니다.

윤종만 먼저 저희 마을을 찾아 주셔서 감사합니다. 청학동 마을공동체는 23년 전 마을이 토지구획정리 사업지구로 묶였을 때, 개발부담금 문제를 해결하기 위해 주민 576명이 단체를 결성해 활동을 시작했습니다. 14개월 동안 인천시 공영개발사업단을 상대로 활동을 펼치는 한편, 어려운 이웃의 주거권과 재산권 문제를 해결하는 활동을 시작한 것이죠.

마을 앞을 지나는 수인선의 청학 구간 문제가 떠오른 적 있습니다. 실시설계방식이 지상 고가였던 수인선을 주민과 시민단체가 54개월 동안 연합해 지하화를 위해 활동했죠. 성과가 있었어요. 지하화된 청학 구간의 지상에 여러 문화시설과 쉼터공원, 그리고 공영주차장 같은 기반 시설을 확보했으니까요. 2003년부터 마을 의제를 3가지 선정해서 풀뿌리 주민자치, 문화, 평생학습. 그에 따르는 여러 예술단 활동을 했습니다. 또한 '청학동 마을 공동체 학교'를 만들어서 지금까지 23년 동안 어려운 가정의 청소년을 돌보는 활동을 진행하고 있습니다.

홍미영 동네를 지키려고 모인 576명 숫자까지 기억하시네요. 동네에서 이웃과 정 나누기를 넘어 생활공간의 적극적 활

처음부터 주민과 힘을 모아 단체를 결성했고,
마을공동체 활동에 적극적으로 참여한 여러 활동가의
연대 의식이라고 봅니다.

용과 편의를 만들면서 여러 교류를 이어오네요. 책자를 보니 설명이 자세합니다. 다른 동네에서 빌리자고 요청할 것 같습니다. 인천 사회복지협의회 대표도 맡고 계시죠? 한결같은 활동은 주민이 뒷받침하는 활동이 성과와 보람으로 이어졌기 때문일 겁니다. 대표를 계속하다 보면 힘들어 그만두는 경우가 많죠. 오래 활동하는 동력은 어디서 나온다고 보세요?

윤종만 네. 연수구 41개 사회복지 관련 기관과 단체가 모여 결성한 사회복지협의회입니다. 연수구 사회복지협의회 회장으로 활동하면서 인천 10개 군구의 사회복지협의회가 모인 인천광역시 사회복지협의회 이사 역할을 합니다. 한결같았던 건, 무엇보다 처음부터 주민과 힘을 모아 단체를 결성했고, 뜻을 모아 '나눔의 교실'이라는 건물을 만들어 지금까지 현안을 해결하면서 신뢰를 두툼하게 쌓은 덕분이라는 생각이고요. 마을공동체 활동에 적극적으로 참여한 여러 활동가의 연대 의식이라고 봅니다.

홍미영 '사회적 자본'이네요. 돈으로 환산할 수 없는 신뢰가 상당히 두텁다는 것을 알 수 있습니다. 박병상 대표도 활동에 참여하며 관찰하셨죠? '코로나19 시대에 공동체 활동의 확산이 필요하다'라고 했는데, 말씀을 보태주시죠.

박병상 최근 몇 차례 '돌봄의 외주화'라는 이야기를 했습니다. 요양원과 산후조리원이 그렇습니다. 가족과 이웃의 돌봄을 요양원과 산후조리원으로 토스하면 아주 간단하죠. 힘들어도 다정한 일을 떠넘기는 겁니다. 그런 곳은 정이 없고 피곤해요. 아이를 품에 안고 젖을 주는 게 아니죠. 셀프수유(아이 혼자 분유를 먹도록 입에 젖병을 물리는 것)를 하다가 질식사가 일어나는 경우가 있다고 해요. 늙은 부모 맡기는 자식의 시선에서 먼 요양원은 말할 것도 없잖아요? 조상이 해온 세상과 다르게 가는 거지요.

도움이 필요한 사람을 방치하는 것인데, 마을공동체는 재개발하듯이 부수고 겉이 번듯하게 새로 만드는 행사가 아닙니다. 주민이 마을에서 할 수 있는 일을 배려하는 거예요. 아이는 아이들대로 모이고, 어른은 어른들대로 어울리는 것이죠. 어른에게 아이들의 재롱은 가장 큰 약이랍니다. 덕분에 몸이 건강해지죠. 아이에게 어른에 대한 존중과 존경심이 생기고요. 그런 마을에 아픈 아이나 노인이 있다면 이웃이 얼마나 소중한 마음으로 보살필까요?

저는 인도 예를 자주 드는데, 간디는 '인도는 70만 개의 마을로 연결되어야 한다.' 얘기했어요. 70개가 아니고 70만 개예요. 윤종만 대표께서 얘기했듯, 불이익에 대항하면서 시작했지만, 그 이상을 극복한 마을의 사례, 그곳이 여기 이 장소입니다. 한데, 코로나19 때문인지, 계획표 보니. 텅 비었네요. 1~2년 지났으니까, 아직 마을에서 적절한 대응을 만들지 못했을지 모르는데, 코로나19를 계기로 마을이 중요한 터전이라는 생각에 동의하게 될 것이라 확신합니다. 마을에 뿌리 내리거든요. 뿌리내리고 살면 이웃에 관한 관심이 커지죠. 건강을 서로 챙기며 코로나19를 극복하는 마을이 되겠죠. 어린아이 하나를 키우는데 온 동네가 필요하다는 말이 있잖아요? 나이 드신 분이 다른 세상으로 갈 때도 온 동네가 마음을 모으며 편안하게 모셨고요. 저는 그런 삶에서 영성을 느낀다고 생각합니다. 여기가 그런 공동체를 시작한 겁니다.

홍미영 가족과 마을이 하던 '돌봄'을 지금 사회는 병원이나 산후조리원 같은 시설에 위탁하지만, 마을이 활성화되면 공동체에서 돌봄을 담당한다, 내재화할 수 있다는 말씀으로 이해됩니다. 산업사회, 물질 사회에서 놓치고 있었는데, 윤종만 대표의 노력으로 청학동은 지금의 공동체로 자리 잡았습니다. 공동체 '마을과 이웃'의 이 공간, 방송하고 있는 '나눔의 교실'은 벽돌 한 장 한 장 쌓은 주민이 실내장식을 했다던데, 정부 행정에 기대는 것과 매우 다르겠죠?

윤종만 아름다운 이야기가 있어요. 구획정리사업 때, 체비지(토지구획정리사업이나 도시개발사업에 필요한 비용을 충당하기 위해 마련된 땅)로 지정되었어요. 매각해 사업비를 충당하려던 곳이었는데, 좁다 보니 사려는 사람이 없었어요. 시청은 쌈지공원을 조정하려고 했습니다. IMF 때였는데, 많은 이웃이 어려움을 겪는 상황이고, 방과 후 아이들이 방치되는 상황이었어요. 그래서 우리 집행부가 공간을 아이들을 위한 공부방으로 만들자고 제안했고, 주민총회로 공간이 들어선 겁니다. 그런데 건물만 있을 뿐, 집기나 교재가 없었죠. 주민들이 다시 나섰습니다. 십시일반 돈과 마음을 모아서 공부할 환경을 만들고, 여기 청학동 마을공동체학교의 역사로 이어지고 있습니다.

홍미영 그렇게 2층, 3층 교실이 된 것이군요. 감동적입니다. 청학동은 수령 500년 넘는 느티나무 그늘에서 어르신을 위한 여름 삼계탕 나눔 행사를 진행해왔는데, 코로나19로 지금은 어렵겠군요. 올해 계획은 어떤가요? 주민과 어떻게 협력해서 행사를 진행할 건가요?

윤종만 코로나19 이후부터 우리 마을도 기후위기와 재난에 대응하는 마을 만들기에 관심을 두고, 함께 공부하고 있습니다. 올해는 주민들이 마을에서 실천할 수 있는 과제를 선별했어요. 느티나무 축제 때 기후변화에 대응하는 마을 선포식을 하려고 합니다.

홍미영 필요한 일이 있을 때 주민들은 대응하네요. 공동체 마을답습니다. 기후위기 대응을 올해 계획으로 세운다면 새로운 모범이 될 거 같습니다. 방송국도 하는데, 역시 코로나19가 지속된다면 많은 역할을 하겠지요?

윤종만 네. 그동안 저희는 마을신문을 통해서 주민과 소통했는데요. 코로나19 상황에서 모이는 것이 어려워 마을 방송 꾸렸고, 2년 차입니다. 방송으로 주민과 소통할 뿐 아니라, 유튜브 채널을 확충하는 방향을 모색하고 있습니다,

박병상 코로나19가 어떻게 지나갈지 모르지만, 코로나22, 코로나23이 거푸 온다면 그때는 정말 큰 충격일 겁니다. 식량 문제에 부딪힐 테니까요. 대비하려면 모여서 의견을 나눠야겠죠. 여기 공동체는 20년 넘는 세월을 함께하며 동네에 뿌리내린 사람의 모임이기에 마음을 맞춰서 극복할 수 있을 겁니다. 고층 아파트가 섰다면 햇볕이 들기 어려웠을 텐데, 낮으니까 지붕에 태양광 시설을 설치할

수 있고, 텃밭을 만들어 나눌 수 있을 겁니다. 실제로 여기는 아이와 어른이 잘 어울리는 장소예요. 연극과 합창도 하고, 또 풍물도 합니다.

홍미영 짧은 시간에 20여 년 마을공동체 활동 얘기를 모두 이야기하기 쉽지 않죠. 방송을 보고, 체감하고 싶다고 생각하면, 언제든 윤종만 대표를 만나거나 나눔 교실로 찾아오면 교류할 수 있습니다. 박병상 대표가 이야기했는데, 간디의 정신에 마음 닿는 게 많습니다. 마을공동체 운동에 희망이 차오릅니다. 《마을이 세계를 구한다》라는 책은 '다가오는 미래의 희망은 자발적인 활동, 그리고 평화로운 마을을 만들어가는 세계의 희망에 있다' 하고 말합니다. 코로나19를 맞으며 마을의 소중함과 중요성을 생각하면서 주민뿐 아니라 행정이나 전문가도 적극적으로 관심을 가져야 할 것입니다. 감사합니다.

2

개항장 건물의 기억을
새로운 가치로 담아서

홍미영 반갑습니다. 3월이라 그런지, 겨울잠 자던 개구리가 나오는 경칩이 지나서인지, 새로운 기분입니다. 102주년 삼일절과 113주년 세계 여성의 날, 모두 식민지 차별과 불평등에 저항한 기념일이죠. 오늘 한국, 그리고 인천에서 역사적 움직임을 보인 개항장 거리를 찾았습니다.
개항장 거리의 한쪽에 차이나타운이 있고 건너에 일제강점기에 세운 건물이 이어집니다. 일제시대의 상사가 사용한 낡은 건물을 매입, 원형에 가깝게 복원해 카페로 운영하는 백영임 대표와 만났습니다. 그리고 조언을 아끼지 않는 박병상 대표도 자리를 함께했습니다.

GUEST **백영임** 팟알 대표

백 대표님, 오늘 100년 전 건물을 봅니다. 인천이 아니라 대한민국 개항의 현장이지만, 슬픈 역사로 기억할 곳이죠. 일제강점기를 지낸 건물은 최근 새로운 모습으로 선보이는데, 옛 흔적을 품어서 사랑받는 카페의 이름이 '팟알'이라죠? 팥빙수하고 단팥죽을 먼저 생각할 텐데, 카페의 역사와 이름 관련한 에피소드를 말씀해주세요.

백영임 강제 개항된 바닷가에 들어온 일본인이 자신들의 거리를 만들고 지은 3층 주상복합건물이죠. 1층에 사무소가 있었고, 2층과 3층에 한국 노동자가 100명 가깝게 잤다는 기록이 있더라고요. 2층 다다미방에 노동자의 낙서가 남았어요. 낡았어도 원형이 남아 있어 다행이었어요. 공공기관이라면 근사하게 복원해 미술관이나 박물관으로 활용하겠지만, 여기처럼 작으면 일제 잔재라며 부숴버리기 일쑤였는데, 복원해 카페로 활용합니다.

카페로 활용하니까, 메뉴가 중요하잖아요? 이 동네에 처음 찾은 일본인들이 팥과 관련한 음식을 즐겼다는 기록이 인천의 최초 개업의사인 신태범 박사의 책, 《인천 한 세기》에 있어요. 팥빙수도 팔았다네요. 그 기록을 근거로 저희 카페에서 팥빙수와 단팥죽, 그리고 나가사키 카스텔라를 팝니다. 바로 앞에 일본 은행이 있었는데, 근

기회가 되면 복원된 현장 들러보면서 사람, 역사, 문화의 가치,

그리고 공존의 가치를 느끼면 좋겠습니다.

슬픈 역사의 현장이더라도 100년 역사와 문화를 되새기는

기회를 찾는 겁니다.

처 '혼다야'라는 과자점에서 그 팔았다는 얘기를 반영한 겁니다. 카페 주요 메뉴가 등장한 이유죠.

100여 년 전 얘기인데, 카페에 앉아서 어르신은 물론, 젊은 친구도 생각을 나누더라고요. 인천의 역사와 문화 이야기로 자연스럽게 이어져요, 어머니나 손주 손잡고 찾아와 팥빙수와 단팥죽을 먹으며 100년 전, 50년 전 이야기를 나누는 카페라서, '3대가 먹는 집'이라고 손님들이 얘기하더라고요. 인천의 역사와 문화를 느끼는 공간이라고 생각합니다.

홍미영 메뉴가 당시를 재현한 것이네요. 음식을 먹으며 역사를 얘기할 수 있겠어요. 참 맛깔나는 말씀인데, 박병상 대표는 이 공간을 각별하게 말씀하셨거든요. 추가할 이야기가 있나요?

박병상 환경은 문화하고 아주 밀접한 관계가 있다고 봐요. 인류학자는 문화는 '삶의 방식'이라고 분석하는데, '삶의 방식'은 환경에서 출발하거든요. 일제강점기 이전, 여기는 항구가 아니라 작은 포구였죠. 일제와 서구 열강이 개항을 강요하며 슬픈 역사가 내려앉은 곳이잖아요? 관련한 역사와 문화가 녹아 있어요.

신포동 일원을 개발하면서 한동안 방치되다 언젠가부터

먼지가 내려앉으며 건물이 무너졌어요. 어두컴컴해 다니기 어려웠는데, 여기 문화를 되살린 분이 계셨고, 문화에 관심이 많아 제가 좋아하는 분이라 가슴이 벅찼어요. 카(E.H. Carr)는 '역사는 과거와 현재의 대화'라고 말했잖아요? 내일을 연결하는 대화겠죠. 남았기에 대화가 가능한 장소가 되었어요. 저를 찾아 친지가 찾아오면 저는 여기로 모십니다. 감회에 젖어서 가거든요.

홍미영 화면으로 보는 독자는 '저게 무슨 카페야?' 할 텐데, 역사를 담는 전시관 같아요. 두 분의 말씀 듣고 주변 분위기를 살피니 확실해집니다. 전시물이 예사롭지 않거든요. 복원하느라 애썼을 텐데, 국가지정문화재가 되었다고요? 어떤 의미인가요?

백영임 문화재급으로 보전된 훌륭한 건물은 사실 많아요. 하지만 일반 건축물은 개인이 보전하기 어려워요. 일제 잔재라도 후손에게 부끄럽지 않게 교훈을 위해 남기는 게 나을 거 같아, 나선 겁니다. 해야 할 일 같았어요. 특별한 의미를 담은 건물은 아니지만, 원형 그대로 남기려 노력했어요. 부끄러운 역사를 되풀이하지 말자는 의미로 복원했어요. 당시 하역회사 3층 사무소 공간으로 유일하게 남았다면서 2013년 국가에서 심의를 거쳐 문화재로 지정했습니다. 노동자 숙박하던 공간이 건축학적 의미가 있답니다.

홍미영 주위에 개항 박물관과 오랜 우체국 건물이 있지만, 개인이 복원하고 국가가 지정했다는 사실에 의미가 있는 거 같습니다. 환경과 문화는 사람의 삶의 동력이 되는 거라고 박 박사가 지적했는데, 또한 국가 지원이라는 게 고작 문화재 지정에 그쳐서 아쉽습니다. 카페로 바뀐 이 건물에 대한 특징을 박 대표가 말씀을 이어주실래요?

박병상 자주 왔는데요, 2층과 3층에 작은 규모로 토론회와 세미나를 열 공간이 있어요. 옛날 100명 넘는 조선 노동자가 잤다면 포개져야 했을 텐데, 또한 슬픈 역사로군요. 기억하고 되새겨야 할 거 같고요. 복원 전, 여기는 찾기 민망했어요. 으스스했거든요.

인천역 방향으로 조금 가면 자유공원으로 오르는 길이 있는데, 그 길을 경계로, 왼쪽은 중국의 조차, 오른쪽은 일본의 조차였어요. 그들의 치외법권이었죠. 중국 조차는 차이나타운으로 바뀌었고, 오른쪽은 이렇게 바뀌었지만, 계기는 백영임 대표의 노력이었습니다. 팟알 카페가 기폭제가 되어 거리가 확! 바뀌었습니다. 아니었다면 과거 모습은 사라졌을 겁니다. 뿌리를 알고 싶은 인천사람이라면 와야겠습니다. 걸핏하면 인천시는 300만 인구를 자랑하는데, 많은 시민은 서울로 가고 싶어 합니다. 인천시 당국은 여기에서 문화정책을 고민해야겠어요.

홍미영 물질, 물량 위주로 마구 개발된 곳에서 쾌락을 즐기는 저급함보다 자신이 사는 지역에 뿌리내리며 문화를 누리는 가치를 생각하게 하네요. 사람들이 제 지역의 역사와 문화를 이해하면서 서로 돈독한 관계를 맺으며 지역을 자랑하는 할 수 있는 것들입니다. 이제 개인에서 정부가, 지방정부에서 중앙정부가 앞장서야 한다고 봅니다. 이런 점을 강조한 거 같은데, 맞죠? 가슴이 울컥할 만큼 동감합니다. 코로나19가 사람들을 멀리 떨어뜨렸지만, 그럴수록 더욱 소중하게 유지하느라 애쓰겠군요. 카페의 미래 역할의 포부를 말씀 주시죠?

백영임 박병상 대표의 말씀처럼 이런 건물을 보존해서 활용하는 것도 환경 측면에서 긍정적이라고 많은 분이 칭찬해 주셨어요. 감사하면서, 후손에게 역사를 보여준다는 측면에서 보람도 있다고 생각해요. 사실 건물이 남지 않았다면 생각하지 못했을 겁니다. 그리고 복원이라도 일본식을 고집하지 않아야 했다는 마음도 들어요. 다만 보전으로 지역에 자긍심이 생겨서 긍정적으로 마을을 가

꾸며 마음이 통할 공동체가 되길 바라죠

홍미영 오늘, 어떠셨어요? 무너져 사라져질 위기의 시설을 복원해서 가치를 되살리는 장소를 보았습니다. 문화와 역사를 소중히 여긴 백 대표와 이를 전폭적으로 지지하는 박 대표의 이야기를 듣고 독자들도 새삼 3월의 의미를 되새기면 좋겠습니다. 기회가 되면 복원된 현장 들러보면서 사람, 역사, 문화의 가치, 그리고 공존의 가치를 느끼면 좋겠습니다.

슬픈 역사의 현장이더라도 100년 역사와 문화를 되새기는 기회를 찾는 겁니다. 팟알 카페로 오면, 주변 거리와 건물, 건물의 형태와 장식, 그리고 예전 창고를 복원해 조성한 아트플랫폼과 인천문화재단도 둘러볼 수 있습니다. 백영임 대표가 인천에서 지역 사람들과 오래 문화운동을 해왔기에 이런 뜻 있는 공간이 마련됐으리라고 봅니다. 일제강점기에 많은 국민이 마음과 몸을 던져 저항했던 이 날, 개항장 거리를 걸으며 코로나19를 극복할 기운을 담아 보겠습니다.

3

지역의 진주,
작은 책방에서 날아오르다

홍미영 안녕하세요! 4월입니다. 4월은 생명이 더욱 생동하는 때라고 하는데, 시인 엘리어트(T.S. Eliot)는 '잔인한 4월'이라고 노래했습니다. 4월에 비극적인 일이 많은데, 우리나라도 그랬습니다. 국가권력에 의해 무고한 국민이 희생되었던 제주 4·3 항쟁이 있었고, 7주기를 맞는 세월호 참사가 일어난 달이기도 합니다. 코로나19 예방백신 접종이 시작된 지 2개월이 지났지만, 여전히 확산하는 상황이라, 여전히 고통을 겪는 4월입니다. 우리는 이런 시기에 좋은 사람과 의미 있는 말씀을 나누는 자리를 마련했습니다.

GUEST **권은숙** 나비날다책방 대표

시대정신일까요? 30대 정치인으로 주목받는 핀란드 내무장관, 마리아의 말을 전하려고 합니다. 코로나19 상황에서 그는 "코로나19를 이겨내려면 정보와 물자를 공유해야 합니다. 전염병 시대에 중요한 키워드는 '통합'입니다. 시대의 고통이 크지만, 배울 것도 많습니다. 인류가 어떻게 더 잘 살 수 있을지, 그리고 개인의 이익이 아닌 이웃과 더불어 잘 살 수 있는지가 중요하다는 걸 깨달아야 합니다. 바이러스로부터 자신과 가족을 돌보기 위해 정치인은 공감과 이해의 덕목을 가져야 하며, 가장 약한 사람들의 목소리를 경청하고 수용하는 정책을 펴야 합니다."라고 강조했습니다.

멋진 말이죠? 기후변화에 대해 "지금까지 살아온 기성세대가 아니라 앞으로 살아갈 미래세대에게 더욱 중요한 문제입니다. 젊은이들이 더 많이 정치에 참여하고 정치의식을 표현할 때가 왔습니다."라고 덧붙였습니다. 우리나라도 정치의 계절로 접어들었습니다. 이럴 때 젊은이들이 마리아 장관의 말을 귀담아 듣고, 활동에 적극적이면 좋겠습니다. 그의 이야기를 마음에 새기며, 우리는 사람들이 어떻게 더 잘 살 수 있을지, 나 혼자의 이익이나 욕구가 아니라 어떻게 이웃을 배려하며 살아야 할지 생각해보겠습니다.

이 자리는 실천과 활동이 모이는 공간입니다. 작지만 소중한 공간에서 이웃을 배려하며 더불어 활동해온 여기는 동네 사람보다 먼 곳에서 일부러 찾아오는 사람이 많다고 해요. TV나 SNS에서도 점점 유명해지는 여기의 문패는 주민들과 함께하는 '나비날다'입니다. 이름이 멋지죠. 날아다니는 나비인지, 고양이 나비인지, 이야기도 나눌 텐데, 오랫동안 활동한 권은숙 대표를 모시겠습니다. '나비날다'를 추천한 박병상 대표도 모셨습니다.

권은숙 대표는 '청산별곡'이라는 애칭으로 알려졌습니다. 운치 있죠? 삶의 여유를 주변에 알리는 활동을 상징하는 애칭 같은데요, 문화 활동, 환경운동, 시민 활동들을 하다, 10여 년 전 이 공간을 열었다고 들었습니다. 어떻게 해서 이런 공간을 만들게 되었는지 궁금합니다. 50~60년 된 상점 건물을 빌려 운영하고 있다고 하는데, 도심에서 떨어진 작은 공간을 어떻게 운영하는지 말씀해주실 수 있을까요?

권은숙 주변의 배다리 마을은 헌책방 거리로 알려졌는데, 구도심에서 사람이 모여 사는 작은 공동체가 눈에 띄어 관심을 가졌습니다. 지역 활동할 공간을 인천에서 찾고 있었죠. 배다리 마을이 눈에 들어왔습니다. 이전 서울에서

70년이 넘은 붉은 벽돌로 만든 옛 공간, 정취가 있어요.

2층을 헐어 공간이 높아졌습니다. 좋은 책이 정말 많습니다.

역사, 문화를 담는 물건들을 보면서

코로나19 시대의 외로움을 달랠 수 있을 겁니다.

박병상 대표와 환경단체에서 활동했는데, 박 대표는 인천에 살았어요. 연결고리가 생겼고 배다리에 삶의 자락을 펼치면 좋겠다고 생각해서 들어왔습니다.

홍미영 활동을 통해 동네 공동체를 소중히 여기게 되었고, 고향 같은 정서를 간직한 공간을 운영하는 것 같습니다. 박병상 대표도 청산별곡의 활동을 격려한다고 들었는데, 어떤 말씀을 해주실 수 있을까요?

박병상 제가 '풀꽃세상을 위한 모임'이라는 모임에서 활동할 때, 청산별곡을 만났는데, 친화력이 좋았어요. 사람들이 주변으로 모입니다. 이야기 나누며 웃음이 떠나지 않았어요. 따뜻한 분위기를 만드는 분입니다. 한때 정선에서 '나비날다' 비슷한 공간을 만들었는데, 어려운 시기를 겪었어요. 인천으로 오셔서 정착했으니 반가울 따름입니다.

이곳은 예전 일본의 '혼마찌'와 다른 분위기예요. 혼마찌는 일제강점기의 일본인이 차지하던 신포동 거리를 말합니다, 거기에서 혹사당하던 노동자는 배다리에서 생활필수품을 사고 학생은 헌책을 찾았을 겁니다. 제가 고등학교 다닐 때, 헌책을 여기서 많이 샀거든요. 인천이 확장되면서 인천시 당국은 이곳의 문화와 역사에 관심을 두지 않았어요. 외관을 중시하는 개발에 관심을 쏟으니 의미를 간직하는 배다리 일원이 쪼그라들었습니다. 하지만 많은 인천사람은 여기를 기억합니다. 누군가 이 현장을 지켜야 한다고 생각하게 되었습니다.

홍미영 청산별곡 별칭에 애정을 가진 권인숙 대표는 이런 활동을 해온 인연이 있군요. 배다리라 지역은 개항장과 가까워 개항 역사와 함께 번성하던 곳입니다. 배가 드나들던 곳이지만 지금 많이 위축되었죠. 하지만 여전히 사람이 모이는 공간으로 역할을 하고 있습니다. 주민과 함께했던 축제의 내용은 어떤 것이었나요?

권은숙 배다리에서 '나비날다' 추억을 만들어가는 것이 제 목표입니다. 10여 년 동안 어떤 활동을 해왔는지 간단히 말씀드리겠습니다. 시작한 것은 '책 쉼터'입니다. 책방이 아니라 사람들이 쉴 수 있는 공간을 만들려고 했어요. 처음 왔을 때, 배다리에 카페도 식당도 없었습니다. 그래서 이 공간에서 차를 마시고, 밥도 함께 나누는 카페 역할을 하게 되었죠. 오백원 밥상, 천원 밥상 같은 것을 제공하며 사람들이 모여서 함께 밥 먹고 이야기 나누는 모임을 만들고 싶었던 겁니다. 그리고 책을 바탕으로 하는 축제를 여러 사람과 함께 진행하고 싶었죠. 혼자라도 사람이 모이면 자연스럽게 함께 놀게 되니까요. 주민들이 원하는 것을 기획하다 보니, 마을 활동가 겸 기획자로 성장하게 되었습니다. 지금은 10년이 지나 많은 변화가 있었죠.

제가 배다리 마을에 들어오기 전, 배다리를 허물며 산업도로 8차선이 생기는 것에 반대하면서 축제를 시작했습니다. 그때부터 축제가 있었고, 이후에 이런 축제들이 헌책방 거리와 함께 이어지길 바랐습니다. 여기서 책 문화와 관련된 메카로 자리 잡기를 원했고, 다양한 책과 관련된 축제를 꾸준히 진행해왔습니다.

홍미영 겉치레가 아니라, 실제 삶에서 중요한 내용과 마음에 중점을 두고 활동하셨군요. 코로나19 이후에 사람들이 줄어 섭섭하지 않았어요?

권은숙 그렇습니다. 지금 운영하는 방식은 무인입니다. 준비하며 행동하는 사람은 아닌데, 좀 앞선 것 같아요. 공간이 늘 열려 있으니 손님들이 편안해하네요. 홀로 공간을 즐기고 가는 분도 많습니다. 저도 공간에 관심이 많잖아요. 배다리에 온 이유는 가진 게 없던 시절, 사람이 살 수 있는 공간이라고 느꼈기 때문입니다.

시작할 때부터 지금까지 이 공간은 제가 돈으로 산 게 없어요. 기증받은 것으로 채워나갔고, 이웃이 나눠주면서 물건이 쌓입니다. 받은 게 너무 많아서 덜어내야 할 정도예요. 그래서 받은 것을 다시 나누는 방향으로 가고 있습니다. 이 공간을 '요일 가게'로 운영되기도 해요. 요일별로 물건을 나누며 함께 쓰자는 취지입니다. 이런 공간들이 늘어서 필요에 따라 언제든 누구든 나눠 쓸 수 있는 분위기가 이어지면 좋겠습니다. 언제나 지금처럼 진행할 것입니다.

핀란드 여성 정치인이자 내무장관의 이야기를 하셨는데, 내용이 요사이 한국과 일맥상통하는 것 같네요. 코로나 19 이전부터 무인 운영은 돈을 줄이기 위한 것이 아니라고 생각해요. 사람들을 더 편하게 하죠. 무인 운영이 오히려 사회를 풍성해지게 하는 효과로 이어지게 합니다. 의미 있는 운영 방식입니다.

박병상 "기억의 공간"이니까요. 기억의 장소에 대해 리베카 솔닛(Rebecca Solnit)이라는 사람이 강조했습니다. 기억을 허물어버리면 장소가 있다고 하더라도 의미가 없어요. 여기 '나비날다'는 기억을 간직하고 있습니다. 아까 어떤 젊은 이가 잠깐 들렸는데, 자주 오는 분인지 모르지만, 어쩌면 부모의 이야기를 들었을지 모릅니다. 마음먹고 찾아와 편안한 느낌을 받았겠죠. 다시 오고 싶은 마음이 생겼고, 소개하기도 했을 겁니다. 사람들이 찾아와 이야기 나눌 공간, 그런 앵커 역할을 하는 공간이죠.

배다리라는 공간은 상징적인 의미가 있고, 역사적 의미가 큽니다. 그리고 인천에 이야기가 깃든 여러 지역이 있습니다. 부평, 주안, 동구 같은 지역에 이런 공간이 만들어지면 좋겠습니다. 소통하고 이야기를 나누는 기회가 늘 것입니다. 인천이 살만한 도시로 변하지 않을까요?

홍미영 동의합니다. 이처럼 기억의 공간이 앵커 역할을 하면서 사람들의 마음의 소중한 고향이 되고, 인천 여러 곳, 우리 사회 곳곳에 이런 앵커 공간이 늘었으면 좋겠습니다. 이 공간 옆에 무인 책방이 있다고 들었습니다. 무인 책방이 잘 유지되면서 시민에게 사랑받는다는 소리를 듣고 감동했습니다. 둘러보니 좋은 책이 많이 있네요. 책을 사기도 하고, 빌려보기도 하는 그런 공간인가요? 오래된 타자기와 주판 같은 소품이 보이던데, 일종의 소액 나눔 같은 장터가 열리나요?

권은숙 맞습니다. 이 공간은 '책방 나비날다'라는 이름의 책방이 있었는데, 곧 위치를 바꿔야 하는 상황이 생겼습니다. 그래서 당분간 이 공간을 요일 책방으로 운영하려고 합니다. 여기 조흥상회 건물은 아주 오래되었는데, 제가 들어오기 전에 주인이 세 번 바뀌었어요. 그래서 이 건물에 대해 잘 알고 있습니다. 원주인이 쓰던 1970년대 이전부터 최근까지 물건들이 많이 남았습니다. 그것들로 생활사 전시관을 꾸몄습니다. 생활사 전시관은 별도가 아니라, 책방과 함께 운영되고 있어요. 책을 보면서 옛 물건들을 관람할 수 있도록 배치했습니다. 옛 물건을 박제하지 않고 가치 있는 책과 더불어 이야기를 전할 수 있으니까요. 그런 마음으로 옛 물건들을 배치했습니다.

홍미영 화려함과 거리가 멀어서 가난한 듯 보이는 공간이지만 오히려 풍성함을 느끼게 하는 철학을 담았군요. 여러분, 잘 들었죠? 카메라로 담을 수 있는 것은 아주 적습니다. 벽에 다녀간 분들이 남긴 메시지가 많아요. 젊은 대학생도 자주 찾는 것 같고요. 학생들의 낙서와 덕담이 담겨있습니다. 70년이 넘은 붉은 벽돌로 만든 옛 공간, 정취가 있어요. 2층을 헐어 공간이 높아졌습니다. 좋은 책이 정말 많습니다. 독자 여러분, 이 공간을 화면으로 한정하지 말고, 직접 오셔서 경험해 보세요. 무인이더라도 마음에 닿는 분과 끊임없이 이야기를 나눌 수 있어요. 죽어있는 물건이 전시된 공간이 아녜요. 사연과 역사, 문화를 담는 물건들을 보면서 코로나19 시대의 외로움을 달랠 수 있을 겁니다.

오늘 바깥은 비도 오고 바람도 불지만, 이 안에서는 여러 사람의 숨결과 함께하는 따뜻한 마음이 느껴집니다. 이런 것들을 꾸리는 분들이 바로 지금 시대의 원동력이며 우리 사회를 잘 이끌어 나가는 주인공이라고 생각합니다. 여러분도 한 번 방문하시고, 이런 것들을 전파하셔서 응원이 되고 확산하기를 바랍니다. 마치면서 실천에 대한 말씀을 드립니다. '나비날다'를 찾아오는 것도 실천이고, 내가 사는 동네에 이런 공간을 만드는 것도 실천입니다.

탄소를 줄이는 방법으로 어느 천주교 교구에서 제안한 9가지 중 하나를 소개합니다. 샤워 시간을 1분 줄이는 것을 말씀드리고 싶어요. 샤워를 1분 줄이면 연간 7kg의 탄소가 줄어들 수 있답니다. 또한, 육류 대신 채소를 많이 소비하는 것도 중요한 실천입니다. 가축을 키우기 위해 많은 자연이 훼손되며, 소 방귀가 배출하는 메탄가스가 온실가스의 주범이기도 합니다. 이런 것들을 실천하며, 아픔이 많은 4월이 아니라 생명을 살려내는 4월이 되기를 바랍니다. 오늘 소중한 말씀을 나눠준 두 분께 감사드리며, 다시 만날 때까지 건강하고 좋은 일들이 가득하시길 기원합니다. 감사합니다!

슬프고 고통스러운 역사도 보존해야 합니다.
역사는 과거와 현재의 대화입니다.
(평화의 소녀상과 일제 강점기 강제징용노동자상이
시민기금으로 설치된 인천부평공원)

4

81년 만에 시민 품으로 돌아온 미군부대

홍미영 안녕하세요. 오늘은 무려 81년 만에 시민에게 개방된 미군의 옛 캠프마켓에서, 그 의미와 전망을 이야기하려고 합니다. 박병상 대표와 이야기를 나누고, 캠프마켓을 공원으로 바꾸는 데 큰 역할을 해온 황순우 선생을 만나겠습니다. 오랜만에 이곳에 오셨죠? 개방 직전에 찾았는데, 6개월 만에 다시 찾습니다.

박병상 맞습니다. 금단의 땅이었으니 지나기만 했죠, 들어가면 큰일 치러야 할 것 같은 느낌이었죠. 인천사람의 기분이 그랬습니다. 어릴 적 주안에서 저는 미군을 보면 주눅이 들었습니다. 그들이 떠났으니, 이제 우리가 이 장소를 이

GUEST **황순우** 바인건축사무소 소장

인천의 유일한 미군 부대 터 44만 제곱미터가 되돌아온 공간이

100년 이후에도 자랑스럽게 후손에게 전해지도록

새로운 미래를 여는 역할을 다할 수 있기를 바랍니다.

치에 맞게 회복시켜야 합니다. 조선 말기의 어려웠던 역사와 갈등을 간직하는 이곳을 일제가 수탈했고, 과정에서 많은 조선인이 희생된 장소입니다. 이후 미군이 승리자의 자세로 점령했고, 우리는 그저 양보해야 했죠. 우리 땅으로 돌아왔지만, 부대 주변은 온통 고층 아파트 숲으로 변해버렸어요. 콘크리트 한가운데에 이 자리가 덩그렇게, 나무와 풀과 숲이 자연스럽게 남았군요. 비로소 부평의 공간으로 선보이려고 합니다.

홍미영 아픈 역사를 짚었는데, 우국지사 민영환과 관련된 땅이기도 하죠. 어쩌다 친일파 송병준의 자손에 넘어갔고, 친일 재산 환수 조치로 국가 소유가 되었습니다. 일제 때 조병창 기지로, 해방 이후에 미군정 기지로 사용되었기 때문에 금단의 땅이 되어 시민 품을 떠나고 말았습니다. 이제 둘러보니, 여러 나무가 잘 관리된 모습인데, 박 박사 말씀처럼 80에서 100년 정도의 나이라고 합니다. 백양목, 플라타너스, 은행나무 이외에 많아요. 100년의 역사를 담고 있으니까요.

제가 구청장일 때, 이곳의 개방과 환경오염 문제가 논의되었습니다. 2017년 국방부와 환경문제를 협의하며 반환이 논의되었고, 드디어 작년에 일부가 개방되었습니다.

이제야 시민이 자신의 땅으로 만들어가는 과정에 놓였습니다. 우리 현재와 미래를 더불어 고민해야겠죠. 오랜 건물을 보존하며 남기는 것이 세계적인 추세이며 기후변화에 대응하는 자세이기도 한데, 개발하자는 의견도 만만치 않아요. 박 대표의 생각은 어떤가요?

박병상 아름다운 역사뿐 아니라 슬프고 고통스러운 역사도 보존해야 한다고 역사학자들은 이구동성으로 주장합니다. 역사는 과거와 현재의 대화입니다. 대화가 끊기면 뿌리가 뜯겨나가겠지요. 소외된 역사에 대한 고증을 바탕으로 우리 스스로 새로운 역사를 만들어가야겠죠. 권력자나 부유층의 이익이 아닌, 아픈 역사를 감내하고, 남는 사람의 목소리를 충실히 반영할 역사가 새롭게 서기를 바랍니다.

코로나19로 사람들의 생각이 변하고 있습니다. 생태적 완충성을 고려하는 공원에서 시민은 체력을 보전할 수 있는 공간으로 개선되길 희망합니다. 천천히 걸으며 살펴보면서, 인천에 남았다는 사실에 가슴이 벅찼어요.

홍미영 얼마 전까지 '캠프마켓'이던 여기는 미군이 주둔한 1945년부터 1973년까지 '에스컴시티'(ASCOM City : Army Service Command City)로 불렸습니다. 미국 주소로 편지를 보내는 미국 땅으로 우리 정서가 몰수되었죠. 73년 이후 캠프마켓으로 이름이 바뀐 뒤 베이커리와 DRMO(미 군수품 재활용 처리장. Defence Reutilization and Marketing Office)만 남았지만, 시민은 여전히 차단되었습니다. 음악 도시 부평의 모습을 기억하는 구민은 역사와 문화의 공간으로 만들고자 합니다. 물론 역사를 중시하는 분이 계시고, 심지어 부동산 가치를 우선시하는 분도 있어요.

박병상 쓸모없는 건물을 왜 놔두냐는 목소리가 있지만, 경제적 이익만 생각하는 것 같습니다. 역사와 문화를 품는 건물과 공간은 시간이 지나면서 보전 가치가 높아집니다. 여기 나무들은 경험상 우리 도시에서 가장 아름다워 보이네요. 금단의 땅에서 잘 보존되어 우리 품으로 돌아왔어요. 유럽이나 미국이라면, 나무 중심으로 훌륭한 공원을 만들었을 것입니다. 주변에도 100년 된 은행나무가 있더군요.

홍미영 아름다운 나무가 정말 많아요. 돈으로 판단하면 가치를 놓칠 수 있습니다. 여기의 역사와 이야기를 살리는 것이 중요하죠. 얼마 전, 구청에서 풍물놀이를 할 때 부평공원에 소녀상과 일제 징용 노동자상이 놓였는데, 시민에게 새로운 역사를 알리는 기회가 되었습니다. 부영공원도 오염 정화 이후 잘 가꿔놓았어요. 앞으로 GTX가 지나가면 이곳을 역사와 문화, 그리고 시민의 쉼터로 인식할 겁니다. 관광의 새로운 요소가 될 것입니다. 공원으로 변한 부산 하야리아 미군 터를 방문했을 때, 큰 나무들이 잘리고 새로운 조형물을 놓아 황량했습니다. 그런 전철을 밟지 않기를 바라지요.

박병상 고층 아파트가 잔뜩 들어선 옆 공원에 조형물이 지배한다면 진력이 난 시민은 자주 찾지 않을 것 같네요. 군사 시절의 흔적이 지나치게 남아도 비슷한 느낌이 들 겁니다. 슬픈 기억을 아름답게 치유한 기억으로 간직할 수 있지만, 건축가는 독특한 디자인을 만들고 싶어 합니다. 개념을 간직하며 승화시킬 공원으로 만들어야 합니다. 우리가 강조했듯, 역사를 간직하는 건축입니다. 시민과 뜻을 모아야 합니다.

홍미영 시민이 주인공 되어 100년을 내다보는 공원으로 만들어가기를 바라는 마음으로 오늘 이야기를 마치고, 가을에 다시 살펴보도록 하겠습니다. 인천의 유일한 미군 부대 터 44만 제곱미터가 되돌아온 공간이 100년 이후에도 자랑스럽게 후손에게 전해지도록 새로운 미래를 여는 우리가 역할을 다할 수 있기를 바랍니다.

홍미영 기다리던 가을이 한껏 다가왔습니다, 한국 근현대사에서 아픈 기억의 시기입니다. 일제강점기에 가혹하게 수탈당하고, 일제강점기 이후에 미군부대 부지였던 금단의 땅을 다시 찾았습니다. 도시재생으로 새로운 공간을 만드는 데 큰 역할을 하는 황순우 소장과 이야기를 나누려 합니다. 어떤가요? 모처럼 훑어보니까 감회가 새롭지요?

황순우 조금 일찍 와서 돌아봤는데, 많은 생각이 들더군요. 이곳에 큰 변화가 일던 기간에 구청장으로 재임하셔서 감회가 있으시겠군요? 부산 하야리아부대 반환 경험이 있어서, 우리는 미리 준비할 수 있기에 다행이라고 봅니다. 처음에 치욕스러운 시설을 다 없애고 숲으로 만들 생각이 컸는데, 시민참여위원회의 참여를 조례로 결정하고, 조직을 만들어 부산을 다녀오면서 많은 생각을 할 수 있었습니다. 반환되는 시점에 토양을 정화하는 문제, 보존 방법, 앞으로 방향들…. 많은 고민을 했습니다.

홍미영 네. 그렇죠. 구청장이던 2010년부터 2018년 사이, 캠프 마켓을 시민공원으로 조성하려는 움직임이 본격적으로 시작되었어요. 2013년 7월에 국방부와 미군기지 이전사업 협약을 체결할 때 황 소장도 참여하셨죠? 미군 부대 관련 이야기를 나누고자 하는 것은 미래세대에게 자랑스럽게 전할 수 있어야 한다는 생각 때문입니다. 돈을 먼저 생각하는 개발을 탈피해, 시민과 어울릴 수 있는 공원 같은 것이겠죠. 2010년 이후 '미군부대 시민공원화 추진위원회'에서 활동하면서 시민공원을 탐색했을 때, 구상한 계획은 어떤 것이었나요?

황순우 계획보다, 우리가 왜 캠프마켓 안의 자원을 보전하고 활용해야 하는지, 보존한다면 어떤 부분들을 회복시켜야 할지를 놓고 다양하게 고민했습니다. 캠프마켓이 만들어진 배경과 역사는 일제 침략과 전쟁의 아픔에서 형성되었다는 점입니다. 격변기의 아픔 속에 형성된 근대 유산은 부정적 측면도 있지만 긍정적으로 볼 측면이 많잖아요. 이러한 요소 사이의 갈등과 충돌이 상당했습니다.

홍미영 에스컴시티 지명으로 미군부대 땅이다 보니 군부대의 오염물질이 심각하게 스며들었죠. 시민, 국방부, 환경부가 합의해서 2019년부터 정화작업에 들어갔는데, 완벽할까요? 어떻게 회복시켜야 한다고 보십니까?

황순우 오염은 DRMO 지역에 집중되었다고 합니다. 인천시와 국방부, 환경부가 같이 본격적인 정화를 하는데, 땅의

회복이 중요하다고 봅니다. 토질회복 차원을 넘어서는데요. 우리에게 많은 사연이 있는 땅이거든요. 일제에 충성한 사람에게 넘어갔고, 되돌려 받기까지 여러 과정 과정들…. 80여 년 동안 단절된 곳이잖아요? 굴포천과 산곡천이 흐르건만, 군용 철도와 군 시설로 우리 역사와 문화가 단절되었죠. 다시 연결됩니다. 물리적인 면에서 그치는 게 아니라 사회적으로 회복되는 사실이 얼마나 중요한가요?

홍미영 중요한 지적입니다. 바로 옆의 부영공원도 정화되니까 텃밭이 들어선 것처럼, 훼손되고 단절된 사회관계들이 다시 연결되는 사실이 중요하다는 지적은 아주 시의적절합니다. 2010년 이후 시민 의견을 전달할 틀을 만들었고, 전문가 안목으로 문화적 가치가 보존되어 다행입니다. 머지않아 옛 모습이 재현되겠네요. 추억이 스민 거리와 한류 음악이 태동한 지역으로 복원된 모습을 상상하면서 마음이 설렙니다. 그런 것을 포함해, 공원이 어떻게 되어야 한다고 보십니까?

황순우 반드시 어떤 공원이어야 한다고 단정적으로 말하기 어려운 면이 있지만, 우선 기록이 중요하다고 생각합니다. 80년이란 시간, 여기에서 근무했던 사람들, 주변에서 일했던 사람들. 여러 애환을 간직했어요. 미처 파악하지 못한 가치도 클 것입니다. 우리는 그런 것들을 끄집어내 기록하고, 그 안에서 미래 가치를 찾아야 합니다. 대중음악에 부분, 건물과 삶의 이야기, 많아요. 기록이 중요합니다.

정치와 행정에 의해, 또는 몇몇 전문가가 나서서 이런 공간이어야 하느니, 저런 공간이어야 하느니, 정의하고 결정하는 것은 위험하다고 생각합니다. 대조적으로, 많은 시민의 생각을 모아 공간의 철학을 세우기 위한 원칙과 시스템을 만드는 데 집중하는 것이 훨씬 중요하다고 봅니다. 설계하고 공간을 만기 전에 마음에 그림 그리는 작업을 먼저 해야 합니다. 다양한 시민이 모여서 그려야 하는 것이고요.

홍미영 황순우 소장 말씀에 많은 공감하셨을 거라고 봅니다. 그림을 먼저 그리돼, 그림에 철학과 우리 의견도 소중하게 담아서 서두르지 말고 차분히 길게 내다보자는 의견입니다. 도시재생의 시각으로 만들 공원을 생각하니까 저절로 미소가 띠어지고, 성급한 마음이 가라앉게 됩니다. 황 소장 같은 전문가와 지역의 시민을 포함해, 인천의 미래를 생각하시는 분도 더불어서 공원을 꾸려가면 좋겠습니다.

황순우 코로나19로 우리는 불분명한 미래를 고민하면서 예측합니다. 그러나 이 공간만큼은 욕심껏 다 채우려 하지 않아야 한다고 생각합니다. 미래세대를 위한 공간이라 생각하면서, 적어도 절반 이상 남겨두어, 큰 밑그림 안에서 차곡차곡 하나씩 채워간다 생각해야 할 것입니다. 저 개인적으로 미래세대를 위해 남겨 놓는 공간이면 좋겠는데, 어떻게 될지는 잘 모르겠습니다.

홍미영 미래세대도 그려낼 수 있으니 완벽하게 만들겠다는 성급함을 접어두자는 지적이 행정 등에 의미 있게 전달되어, 시민이 가꾸는 운동으로 승화되기를 희망합니다. 얼마 전까지 부평구에 소재하건만 캘리포니아주 샌프란시스코의 주소였어요. 이제 대한민국 인천시 부평구 부평1동 주소를 가진 시민공원으로 다가왔습니다. 위기의 시대, 코로나 시대에 소망이 더욱 간절해집니다. 추석 보름달에 비는 절실한 소원, 특히 우리 사회의 약자, 우리 미래에 대한 간절한 소원이 꼭 이루어지기를 바랍니다.

5

예술 놀이터로 활짝 열린 폐공장의 기억

홍미영 안녕하세요. 유튜브 방송의 영향력을 느끼는 요즘인데요, 최고의 영향력을 가진 언론으로 학자가 주장할 정도입니다. 오늘 특별한 장소, 전라북도 전주에 왔습니다. 행정과 문화의 중심지인 전주는 전통문화가 잘 보존된 장소라는 건, 잘 아는데요. 코로나19 시대에 시민을 잘 보살피는 도시로 인정받는다는 사실을 우리 유튜브 시청자는 모를 겁니다. 마음 돌봄 기관을 두고 코로나19가 원인으로 우울증을 앓는 시민을 위한 예산을 지원하면서 상담 기관을 직접 연결하니까요. 코로나19 상황에서 최선의 행정에 나서는 김승수 시장은 최근 '행복실현

GUEST **김승수** 전)전주시장 **황순우** 바인건축사무소 소장

지방정부협의회' 회장을 맡았다네요. 시민의 행복한 삶을 보장하려고 "해고 없는 돈" 같은 정책을 만들었다고 들었습니다.

오늘 여러분께 소개하고 싶은 곳은 '팔복예술공장'입니다. 25년 동안 노동자에게 가혹하던 테이프 공장이 시민의 예술 놀이 공간으로 변신했죠. 공단의 많은 공장이 가동을 멈춰 생활이 어려워진 지역을 문화 플랫폼으로 문화 플랫폼으로 새롭게 변화된 현장입니다. 우선 멋진 문화 플랫폼을 만든 시장에게 고맙다는 말을 전하고 싶습니다. 플랫폼으로 변하는 과정에 참여한 황순우 건축가와 단골손님인 박병상 대표도 인천에서 찾아왔습니다. 작년 예술 플랫폼이 개관할 때 "예술 교육 도시"로 만들겠다고 선언했는데, 기초단체장에게 부담스러운 선언을 어떤 비전으로 내놓으셨는지 궁금합니다.

김승수 시장 당선되고 아이들이 시민으로 존중받고 있는지 생각을 해봤습니다. 투표권이 없는 아이들은 성인보다 관심을 덜 받는 게 사실입니다. 그래서 전국 최초로 아이들을 위한 놀이터를 만드는 부서를 설치했습니다. 놀면서 꿈을 키울 수 있는 도시를 만들어 보려는 목표로 세 가지 놀이터를 만들고 있습니다. 첫째는 생태숲 놀이터로, 모험과 협동을 경험할 수 있는 공간입니다. 둘째는 도서관을 책 놀이터로 전환하고 있고, 셋째는 바로 이곳, 예술 놀이터입니다. 대한민국 최초의 어린이 예술 놀이터입니다.

홍미영 아, 정말 멋진 아이디어네요! 예술 교육 도시가 변신한 공장지대에서 시작할 수 있다니, 기대됩니다! 새로운 모습이네요. 사실 제가 영국이나 중국 같은 곳을 가본 적이 있지만, 산업 재생이 쉽지 않다는 걸 잘 압니다. 과정에 어떤 어려움이 있었는지, 비전이 무엇인지 궁금합니다.

김승수 예술을 통해 영혼의 문을 활짝 여는 아이들의 감수성을 키우며 행복하게 자라나는 도시를 열어갈 겁니다. 시장 두 번째 임기인데, 2014년 팔복동 주민과 많이 소통했습니다. "우리는 버려진 동네예요."라고 한탄하셨던 기억이 납니다. 그래서 이곳을 문화공간, 예술 공간으로 바꾸는 작업을 시작했습니다. 처음 공장 측은 체육관이나 복지관을 원하셨지만, 황순우 소장께서 멋진 장소로 만들었습니다. 팔복예술공장 옆에 철길이 있는데, 2~3년 후에 수달이 돌아올 정도로 복원하려고 합니다. 또한 청년 예술 놀이터가 여기에 생기면 '팔복예술공단'으로 발전할 것입니다. 주민이 직접 협동조합을 만들어 운영할 예

낡고 오래된 것들이 새롭게 변화하는 모습을 자랑스럽게 보여드리며, 함께 참여하는 시대가 열리길 바랍니다.

정으로, 문화 재생과 사회적경제가 만나는 중요한 거점이 될 것으로 생각합니다.

홍미영 씨앗이 건강하게 자라고 있다는 게 느껴집니다. 몇 년 뒤에 참여하는 시민과 주민으로 활성화된 모습이 그려지네요. 2019년 '아시아 도시 경관상'을 받을 때, 주민과 전문가의 협력이 큰 점수를 받았다고 들었습니다. 뜻깊습니다. 황순우 소장께서 공로패를 받으셨는데, 기분이 어떠신가요?

황순우 인천을 떠나본 적이 없는 저는 이곳에 대한 애정이 큽니다. 많은 어려움이 있었어요. 산업단지 재생이 쉽지 않다는 걸 절실하게 깨달았습니다. 성공 사례가 없어서 전국을 돌아다니며 실패 원인을 찾아 해결을 고민했습니다. 재생은 결국 사람의 생각을 재생하는 것이니까요. 처음 물리적인 측면에 집중했지만, 아니더라고요. 예술을 통해 우리 생각을 먼저 바꿔야 한다는 걸 알게 되었습니다. 장소에 대한 기억을 잃지 않도록 노력하며 새로운 시도를 해왔습니다.

시장께서 언제나 사람이 가장 중요하다고 강조했어요. 이 공간이 아이들에게 행복하고 건강한 삶을 제공하길 바랍니다. 아이들에게 창의력과 상상력이 전하는 되어야 합니다. 전문가의 힘만으로는 부족해요. 시민과 협력이 중요한데, 김승수 시장은 충분히 잘 해낼 것으로 믿습니다.

홍미영 짧은 시간에 필요한 말씀을 들었습니다. 황 소장의 말씀을 정리해 도시재생 관련 참고도서로 후배들이 공유할 수 있으면 좋겠다는 생각이 듭니다. 오늘 방송으로 취지와 내용이 확실히 전파되길 바라는 마음입니다.

김승수 황 소장님은 5년 전에 외지인이었지만, 전주에서 많은 일을 하신 주역이 되었습니다. 중도에 포기하지 않고 뚝심으로 이런 공간을 올곧게 만들어주셔서 감사합니다. 다시 감사와 존경의 박수를 보냅니다.

홍미영 황 소장도 대단하시고, 황 소장을 알아보고 밀어주신 김승수 시장도 훌륭합니다. 인천에서 오셨는데, 박병상 대표도 소감 한 말씀 하셔야죠?

박병상 인천에 씨앗을 뿌리고 싶은 마중물이 되고 싶습니다. 전주에서 꽃 피운 지자체장의 의지가 동심원처럼 퍼질 것 같습니다. 예술공장이 된 여기에서 생동감을 느낍니다. 시민이 함께 호흡하는 분위기로 가슴이 설렙니다. 이런 분위기가 전국으로 퍼져나가길 바랍니다.

홍미영 현장을 직접 와보시고 느끼길 바랍니다. 코로나19가 위기이지만, 기회도 줍니다. 낡고 오래된 것들이 새롭게 변화하는 모습을 자랑스럽게 보여드리며, 함께 참여하는 시대가 열리길 바랍니다. 쉽지 않은 길이었지만, 김승수 시장과 황순우 소장께 힘찬 박수를 보내며, 이제 현장을 둘러보러 가겠습니다. 감사합니다!

6

기후위기를 극복하는 도시농업의 가치

홍미영 아침, 저녁으로 선선한 느낌이 들죠? 입추와 처서가 지나니까 바람결이 사뭇 달라졌습니다. 더위는 물러가고 선선한 바람이 든다는 뜻으로 '처서'라 하는데, 풀이 성장이 멈출 때라 벌초하기 좋고, 장마에 젖은 옷이나 책을 말리기 좋다고 하죠. 처서가 되면 모기 입이 삐뚤어져서 힘을 발휘하지 못한다는데, 제발 코로나19 바이러스가 기승을 부리지 않으면 좋겠습니다. 오늘은 도시농부에 최선을 다하는 '인천도시농업네트워크연대' 김충기 대표와 얘기를 나눠볼까 합니다. 박병상 대표도 함께합니다.

GUEST 김충기 인천도시농업네트워크 대표

도시농업에 대해서 전문가의 이야기를 듣고 의견을 나누려고 합니다. 여기 부영공원에서 도시농업에 나서는 시민이 계시기에 의미가 있습니다. 오염 정화를 위해 부영공원을 파헤친 때가 2~3년 전인데, 나무를 심고 농지를 가꾸어 놓으니 보기 좋군요. 시민의 편익이 커진 것 같습니다. 무엇보다 뜨거워진 지구의 회복을 위한 사민의 중요한 실천입니다.

김충기 도시농업은 아시는 대로, 시민들이 농사로 활동하는 터전이라 말씀드릴 수 있는데요. 텃밭 또는 주말농장처럼 분양하는 도시농업입니다. 도시농업 활성화는 농사짓는 차원을 넘는 의미와 가치를 가집니다. 텃밭이 설치되지 않다면 시민이 자주 찾는 공간으로 자리하지 못할 겁니다. 텃밭을 가꾸며 이웃과 만나는 공간으로 성숙하게 되죠.

가장 중요한 의미는 먹을거리에 대한 이해가 높아진다는 점입니다. 농사짓는 이유는 언뜻 건강한 먹거리를 얻자는 의미로 이해하는데요. 자연스럽게 유기농이나 친환경 농사에 대한 의식이 높아집니다. 도시 텃밭 활동은 환경에 대한 의식, 생명과 생태에 대한 의식을 높이는 활동으로 이어질 수 있습니다. 시민에게 '도시 텃밭이 얼마나 기후위기를 감면시킬 수 있지.'라고 설명하기보다, 직접 참여할 때 기후위기와 생태위기에 대한 감수성이 높아집니다. 도시농부들의 참여를 늘리고 시민의식을 높이는 실천입니다.

도시농부는 기후변화에 매우 예민하게 반응합니다. 예를 들어 올해는 장마가 길어서 고달픈 상황이 길었습니다. 도시농부는 이러한 사건으로 기후위기를 체감할 수 있습니다. 그래서 저는 도시농부가 늘어나는 것이 필요하다고 봅니다. 농부들이 먹을거리와 환경을 많이 생각하는 시민으로 성장할 것으로 생각하니까요. 이를 '도시농업 운동'으로 부르는데요. 운동 측면에서 텃밭 활동이 더욱 필요하다는 이야기를 자주 합니다.

홍미영 텃밭에서 농산물을 가꿀 때, 단지 건강한 먹거리를 취하는 것이 아니라는 점을 강조했어요. 시민의식이 바뀌는 도시농업과 도시농업운동, 지구 생태위기를 체감할 수 있는 감수성을 말씀해주셨습니다.

박병상 파란 하늘과 수세미(도시텃밭에 재배되는 수세미 덩굴)가 잘 어울리는 공간인데요. 독일의 사례를 들어볼게요. 독일 뮌헨에서 아파트를 건물 네 채를 사각으로 만들고 그 안쪽 공간 뜰에 아파트를 추가해 돈을 벌었던 지역인데, 최근

도시 텃밭 활동은 환경에 대한 의식,

생명과 생태에 대한 의식을 높이는 활동으로 이어질 수 있습니다.

바뀌었어요. 시간이 오래 지나서 낡았거든요. 우리 같으면 모두 헐어서 초고층 빌딩을 지었겠지만, 그 아파트를 모두 헐어내 텃밭으로 바꿨습니다. 뮌헨 시민이 원한 것이죠. 그 사례에서 저는 농산물을 생산해 먹는 것에 대한 여러 과정을 이해하고, 고충도 이해할 수 있었죠.

중요한 것은 지역에 대한 애틋함, 정주의식이 생긴다는 점입니다. 우리는 같은 아파트에 누가 사는지 거의 모르는데, 텃밭이라면 다릅니다. 텃밭을 중심으로 이웃이 생깁니다. 텃밭을 1~2년 계약하는 것이 아니라 10년, 20년, 30년 단위로 계약하기 때문에, 그곳이 고향이 되어 떠나지 않게 돼요. 직장이 바뀌면 차라리 직장을 그만둔다고 해요. 이웃과 떨어지지 않으려는 아이들에게 고향이 됩니다. 동네에 자급자족의 공간이 되는 것에서 그치지 않아요. 먹을거리의 자급자족에서 공동체 공간으로 싹 트는 거죠.

유럽이든 한국이든 유서 깊은 도시, 여기 부평처럼, 역사가 있는 도시에서 중요한 것은 고층빌딩이 아니고 주민들이 만나 대화할 수 있는 공간, 삶이 뿌리내릴 공간이라는 거죠. 그 때문에 뮌헨은 아파트를 헐고 텃밭을 만들었다는 겁니다. 자랑할 수 있는 도시공간이 되었다는 겁니다. 여기 부영공원도 그런 모습이 엿보이잖아요?

다이옥신으로 오염되어 있던 곳, 주민을 내쫓았던 곳을 모이는 공간으로 만들었잖아요.

홍미영 저는 쿠바 아바나(Havana)의 텃밭이 생각났습니다. 아침 무렵, 식사 전에 주민들이 소쿠리를 들고 텃밭에서 농작물을 사는 풍경을 보았어요. 아침상에 텃밭의 농산물을 올리는 일이 아바나에서 일상적으로 일어나더군요. 인상 깊었습니다. 캐나다에도 이런 텃밭이 많다던데 이미 세계적 추세로 자리잡은 것 같습니다. 도시농업은 시민사회에 실천 활동과 인식 교육 역할을 소중하게 한다고 봅니다. 지난 5월, '도시농부 기후변화 선언'이 있었는데요. 그 말씀을 듣고 싶습니다.

김충기 기후위기에 대응하기 위해 '기후위기 비상행동'이라는 시민단체를 연대해서 만들었고, 지난 2월 인천 발족식 때 우리도 참여했습니다. 기후위기를 막연하게 생각했는데, 적극적인 움직임이 생기니까, 역할을 해야겠다는 다짐으로 이어지더군요. 도시농부의 감수성만 아니라 기후위기에 대한 절박한 이해가 다가와요. 기후위기 대응을 요구하는 도시농부의 목소리를 함께 내고 싶어졌습니다. 도시농부들은 기후위기에 대응하려는 목소리를 내고 서명운동을 진행하면서 후원금을 모아 신문광고도 냅니다.

우리 단체에 여러 텃밭이 있거든요. 구마다 운영하는 텃밭이 있고, 민간에서 운영하는 공동체 텃밭도 있는데, 저희는 해마다 낙엽으로 퇴비 만들기를 합니다. 아파트 단지에서 폐기물로 분류된 낙엽을 저희가 가져와 날을 정해 퇴비를 만드는데요, 그때 음식물 찌꺼기도 가져와 퇴비로 만듭니다. 유기적으로 농사짓는 방식이 토양에 탄소를 저장하는 역할을 의미 있게 하는 것이더라고요. 도시농부와 의미 있는 실천을 합니다.

박병상 체험을 바탕으로 하니 더욱 의미 있고 진정성 있는 활동이 되네요. 더불어 여러 사람한테 의미 있는 전달이 될 것 같고요. 도시가 자랑스럽다는 말은 주민이 모이는 공간을 자랑스러워하는 거죠. 녹색 공간, 주민이 항상 모여서 대화 나눌 공간. 새로운 일상을 준비하고자 방송을 하는 건데, 이런 공간이 많아지고 넓어질수록, 도시는 안전해지고 건강해질 수 있습니다.

홍미영 도시농부가 되기 위해서 도시 안의 땅을 받아야 하는데, 기껏해야 공공기관의 옥상 정도? 작은 공원, 또는 조금 넓은 공원뿐이죠. 앞서 말씀하신 사례처럼 방치된 땅만 찾을 게 아니라, 행정의 도움으로 넓은 땅에서 많은 주심이 참여할 수 있도록 지원하는 일이 필요한 것 같습니다. 여태 우리 행정은 관심이 부족했죠. 코로나19를 겪으면서 위기를 변화의 기회로 삼아야겠습니다. '우리가 사는 이 토지는 선조에서부터 물려받은 게 아니라 우리 아이들로부터 빌려온 것이다.' 하는 인디언 격언이 있습니다. 새삼 공감되는 말인데요. 후손에게 되돌려줘야 할 토지가 심각하게 훼손되어 있습니다. 두 분 말씀처럼, 코로나19의 위기를 계기로 위기를 잘 극복한 방안을 만들었으면 좋겠습니다.

7

지역에서 모색하는 기후위기 대안, 재생 가능한 에너지

홍미영 가을이 깊어 가고 하늘은 높아가는 청명한 날씨이지만 안타깝습니다. 코로나19로 어두운 마음이 계속됩니다. 성묘나 차례는 물론, 부모님 뵈러 가지 못해 이번 추석에 이동 인구가 많이 줄었다고 합니다. 보고 싶은 분을 못 보더라도 대보름 달을 보며 코로나19에 지친 심신이 위로받고, 소원이 이루어지기를 바랍니다. 코로나19로 체감하는 기후위기를 극복할 방안을 이야기하려고 합니다. 화석이나 핵연료가 아닌 햇빛, 바람, 물처럼 자연을 이용한 재생가능 에너지의 활용이 시급합니다. 그중 햇빛에너지를 활용하는 발전이 한국에서 어느 정도 진

GUEST **심형진** 인천지속가능발전협의회 대표

행되고 있으며, 그 의미를 나눠보겠습니다.

산업화라는 명분으로 국가와 기업이 한정된 석유와 석탄, 그리고 가스 같은 화석연료를 마구잡이로 태우다 보니, 오늘날 지구가 이토록 가열되고 말았습니다. 끔찍한 결과가 우리 생활환경에 부정적 영향이 큰데요. 2005년부터 10~15년 동안 자연 재생에너지인 햇볕으로 전기를 생산하는 시민햇빛발전소 운동을 해오셨고 현재 '인천지속가능발전협의회' 상임대표로 활동하는 심형진 대표를 모시고 자세한 내용을 듣고자 합니다.

심형진 반갑습니다. 그동안 강의는 많이 했지만, 방송은 새롭네요. 이런 방송이 널리 확산해 시민들이 햇빛발전에 대한 관심이 커지면 좋겠습니다.

홍미영 그간 방송하면서, 전문 활동가 덕분에 부족한 지식을 채우고 지혜를 배울 수 있었습니다. 오늘도 기대합니다, '햇빛발전', '시민햇빛발전소'. 한 마디로 '태양광 발전'하고 같은 뜻이죠?

심형진 그렇습니다. 인간의 생명을 좌우하는 에너지는 태양이 원천이거든요. 거기에 '시민'이라는 말을 붙인 이유는 시민이 중심이고, 시민이 만드는 에너지가 주축이어야 사회가 더 밝고 맑아진다는 의미입니다. '협동'이 중요한데요. 에너지문제는 어떤 한 개인이나 기업의 문제가 아닙니다. 전체 국민의 문제고 국민을 이루는 시민이 협동했을 때 문제를 빠르게 해결하잖아요. '에너지 민주화'라는 의미도 포함합니다.

홍미영 "에너지 민주화"라. 의미 있는 개념이군요. 우리나라는 햇빛이 참 좋죠? 우리보다 햇빛이 풍부하지 않은 유럽도 햇빛에너지 활용에 적극적인데, 우리는 석탄이나 핵을 이용한 에너지를 이용하는 데 그치죠. 우리는 왜 햇빛을 놓치는지? 다른 나라는 왜 그리 열심히 재생에너지를 활용하는지요?

심형진 두 가지 문제를 언급할 수 있는데요. 유럽, 특히 독일의 햇빛발전은 체르노빌핵발전소 사고를 계기로 본격화되었습니다. 시민들이 먼저 각성하여 움직인 측면이 있고, 정부가 제도적으로 지원했다는 점도 중요합니다. 그 결과, 유럽에서 재생에너지, 특히 햇빛발전은 시민들이 주축이라고 말할 수 있습니다. 한국은 일본 후쿠시마핵발전소 사고로 각성하기는 했지만, 아쉽게 제도적 지원이 충분하지 못합니다.

자연과 사람이 함께하는 공동체를 만드는 부분에서
정부 역할이 아쉽습니다. 시민의 참여가 아니라 정부와 지방행정의
노력과 지원이 부족했어요.

박병상 독일에서 반핵운동, 핵발전소 반대운동을 열심히 했던 지역이 세계적으로 알려진 환경도시 프라이부르크인데요. 핵발전소를 반대한 사람들의 행동은 어쩌면 우리 민주화운동보다 처절했어요. 자기 몸을 레일에 쇠사슬로 감거나 나무에 올라가 내려오지 않는 행동은 치열했습니다. 그 결과는 에너지 자급으로 마을로 나타났습니다. 바이오발전이 있어요. 마을에 축분 냄새가 나면 난리가 나겠죠? 독일은 양해 사항입니다. 마을이 합의해서 만들었으니까요. 많은 지붕에 태양열 패널을 붙였어요. 건물에 태양광 패널을 붙이면 디자인이 망친다고 반대할 수 있는데, 아닌 거예요. 마을의 전기 공급을 먼저 생각하니까요. 공동체의 일이기 때문인데, 어느 지붕의 시설에 고장이 나면 마을 주민이 모두 달라붙어 고칩니다. 그 과정에서 새로운 기술을 도입할 뿐 아니라 이웃이 소중해집니다. 주민 사이에 정이 깊어져서 이사 가지도 못해요.

그래도 전기가 부족하면 전기를 아껴 씁니다. 겨울이 되면, 우리보다 따뜻하지만, 집안에서 외투를 입고 지냅니다. 입김이 나오지만, 당연시하는 거죠. 시민의 민주 의식이 그런 자급 가능한 마을을 만들었다는 의미가 있지만, 저는 지역의 민주주의가 훨씬 단단해졌다는 점에 주목해야 한다고 생각합니다. 유럽 최대 산업 국가인 독일이 전기를 포기한다는 것은 말이 안 되잖아요? 핵발전을 버린 독일은 화력발전을 대폭 줄입니다. 내연기관을 가진 자동차까지 포기하겠다고 선언하거든요. 그렇게 실행할 수 있는 자신감은 무엇일까요? 우리보다 똑똑하기 때문이 아니에요, 연구를 한 거예요. 극복할 방향을 찾았죠. 산업은 어떻게 재구성하고, 시민은 무엇을 어떻게 양보해야 하는지, 뒷받침할 제도는 누가 어떻게 만들어야 할지를 연구해서 찾았고, 합의하여 제도를 만들면서 민주주의가 단단해지는 거죠.

홍미영 우리가 정치 민주화, 독재에 대한 저항은 무척 치열했지만, 민주주의로 가려는 근본적인 방법, 그리고 자연과 사람이 함께하는 공동체를 만드는 부분에서 진전이 부족하다는 지적으로 들립니다, 정부 역할이 아쉽습니다. 햇빛발전이 15년 동안 시민 참여 동력은 어느 정도 갖추었지만, 확산하지 못한 것은 정부의 역할 부재 때문입니다. 시민 참여가 아니라, 정부와 지방행정의 노력과 지원이 부족했어요.

심형진 네, 그렇죠. 최근 '그린뉴딜' 이야기가 많이 나오는데요. 첫째 재정 투자가 무척 중요한데 시민 수요를 실질적으로 충족하는 재생에너지 정책의 부실을 지적할 수 있습니다. 두 번째로 시민 스스로 투자해 발전소를 설치해도 효율적이어야 하는데, 시스템이 따르지 못합니다. '스마트 그리드'라는 것이 있는데, 시민이 생산한 전기를 쉽게 판매하고 부족한 전기는 구입하여 사용할 수 있는 개념의 장치입니다. 스마트 계량과 스마트 그리드 시스템이 완성되어야 시민이 쉽게 태양광 발전 패널을 지붕에 설치하고 전기를 생산할 수 있어요. 석탄화력 또는 원자력과 같은 에너지원이 없이도 전력 공급이 가능한 시스템을 구축될 수 있습니다. 그런 시스템을 위한 정부 투자와 제도 정비가 필요합니다. 이러한 조건들이 갖추어지면 폭발적으로 재생에너지 사용량은 증가할 것입니다. 유럽도 그런 과정을 거쳐서 성공해낸 것이지 결코 우연히 일어나지 않았습니다.

홍미영 지금이 중요한 기점이 될 수 있겠네요? 말씀하신 스마트 그리드 같은 시설은 중앙정부 예산으로 지원해야 하니까요. 그린뉴딜 정책의 일환이라고 하니까, 석탄 에너지에 의존하던 폐해에서 벗어나 햇빛발전이라는 재생에너지에 적극적 투지가 필요하다고 생각합니다. 영흥도의 거대한 화력발전소를 바꿔야 한다는 의견이 나오는데요.

심형진 그린뉴딜의 핵심은 '그린'에 있거든요. 정부의 재정 투자로 새롭게 추동되므로 '뉴딜'이고요, 정부가 모색하는 '스마트뉴딜', '그린뉴딜'에 가장 적확한 사업이 재생에너지 사업이라고 생각합니다. 과감하게 재정을 투자하고, 제도를 새롭게 만들어내는 것이 '4차 산업혁명', '그린뉴딜'이 연결되는 지점이기 때문에 무척 중요하다고 봅니다.

영흥화력본부의 주력은 석탄화력발전인데요. 인천 이산화탄소 발생량의 45%를 차지합니다. 기후학자는 지구 표면온도 상승을 평균 1.5도 이하로 억제해야 지구온난화를 피할 수 있다고 주장하는데요. 그러려면 2030년까지 이산화탄소 배출을 45% 이상 줄여야 하거든요. 이산화탄소 배출의 가장 큰 부분인 화력발전을 줄이는 것이 그린뉴딜의 큰 방향이어야 합니다. 현재 인천에서 필요한 전기의 250% 정도를 생산합니다. 인천시민이 100을 쓴다면 150은 서울과 경기로 가는 전기입니다.

박병상 제도를 서둘러 개선해야 합니다. 미래세대로 이어지는 지역의 지속 가능성을 고려한다면, 핵이나 화력발전소를 빨리 폐쇄하는 것이 합리적인 선택입니다. 저는 '햇빛발전소'라는 말도 좋지만 '지붕발전소'라는 용어가 어떨까 싶습니다. 개인이 자신의 지붕에서 전기를 생산하고 이웃과 나눠서 쓴다는 의미에서 공유 방식으로 확장하면 좋겠어요. 그런 측면에서, 새만금 간척지에 핵발전소 4개에 해당하는 거대한 태양발전소를 건설하는 것은 바람직하지 않다고 생각합니다. 우리 손이 닿는 곳에서 사용할 전기를 생산해야 옳기 때문입니다. 또한 지역에서 자립할 제도적 장치를 구축하는 것이 중요합니다. 주택과, 공용건물뿐 아니라 아파트에서 태양발전의 가능성을 찾는 연구와 노력이 필요하다고 봅니다.

홍미영 어디 먼 곳에 대용량 발전소를 만들어 그 전기를 쓸 것이 아니라 지역에서 스스로 해결하는 것이 지역 민주주의를 키우는 방법이라는 말씀입니다. 더불어 방식이 확산해 나갔으면 좋겠다는 바람도 덧붙였고요. 역사학자 유발 하라리(Yuval Harari)는 지금 인류가 가장 큰 지구적 위기에 직면하고 있다고 아래와 같이 말했습니다.

우리는 신속하고 단호하게 행동해야겠지만 행동의 결과를 장기적으로 살펴야 한다. 여러 대안 중에 하나를 선택할 때, 당면한 위협을 극복하는 것에서 그치지 않고 폭풍이 지나간 자리에 어떤 세상이 나타날 것인지 생각해야 한다. 폭풍은 결국 지나갈 것이고, 인류는 - 사실

우리 대부분 - 생존하겠지만, 우리가 사는 세계는 많이 달라질지 모른다.

당면한 코로나19 시대. 현재의 기후위기 문제를 극복하고 지금과 다른 세계에서 살 수 있는 적극적인 방안으로 자연 재생에너지, 햇빛발전이 정치, 문화까지 미칠 좋은 영향에 대해 말씀을 나눠주셨습니다. 오늘도 좋은 지식과 지혜, 실천의 계기가 되었을 것이라 봅니다. 국민 70%가 코로나 우울증을 겪는다니, 걱정입니다. "희망은 저절로 오는 게 아니라 만들어가는 것"이라고 합니다. 삶의 잘못된 모습을 변화시키고 바닥부터 민주주의를 만들어가는 기회를 만들어갑시다. 그린뉴딜을 희망의 계기로 삼아 포스트 코로나19 시대에 대비해야겠습니다. 감사합니다.

PART 2

기본소득이 안내하는
새로운 내일

기본소득이 안내하는
새로운 내일

가임 연령의 젊은이가 아이를 낳지 않자, 노인 인구 비율이 늘어납니다. 한 국가에서 65세 이상 연령층이 전체 인구의 14%가 넘으면 '고령 사회'로 분류하는데, 우리나라는 20%에 가까워 '초고령 사회'라고 합니다. 65세 인구가 7%를 넘으면 '고령화 사회'인데 고령화 사회에서 고령 사회로 진입하는 속도가 우리가 일본보다 빨랐다는데, 초고령 사회로 진입하는 속도 역시 일본을 추월할 게 분명합니다.

그에 발맞추려는 건지, 어떤 전문가는 노인 나이를 바꾸자고 제안했습니다. 노인복지법으로 규정된 노인 나이를 65세에서 70세로 바꾸는 만큼 정년을 뒤로 밀고 연금을 지금보다 늦게 받자는 겁니다. 경제 상황과 재정을 살펴서 정책을 유연하게 집행하면 고령층 삶의 질이 향상되고 고령화 사회의 지속 가능성을 확보할 수 있다고 주장하네요. 제안이라는 점을 강조했습니다만, 공연한 제안일 리 없습니다. 연기금 고갈과 재정 압박을 염려하는 정치권과 정책 담당자의 관심이 집중하는 상황이니까요.

최초 연금을 받는 시간이 연장된다는 건데, 노인 건강은 예전보다 나아졌을까요? 어떤 전문가는 요즘 75세 노인의 건강은 예전 65세와 비슷하다고 주장합니다. 하지만 명확한 근거는 제시하지 않네요. 주변을 둘러볼까요? 노인의 신체 건강은 개개인에 따라 각양각색이더군요. 일반화해서 노인 여부를 평균 연령으로 산출할 수 없는 노릇일 텐데, 문제는 직장입니다. 젊은이도 구하기 어려운 직장을 은퇴를 앞둔 노인에게 연장해줄 자본은 없습니다. 인공지능(AI)이 양질의 일자리를 빼앗으면서 노동자에게 배당될 이익을 자본가가 차지하는 추세를 통제하지 않는 상황에서, 노인 기준연령 변경은 합리적일까요?

택시에 기본요금이 있듯, 인간적인 삶에도 기본을 정할 수 있을까요? 사회적 합의가 필요할 텐데, 사람들이 기본이라고 동의할 의식주 수준을 떠올려봅시다. 국가 또는 지역에 따라, 개인이라면 나이와 사회적 관계에 따라 다를 텐데, 기본을 유지하려면 비용이 얼마나 필요할까요? 사회적 합의로 구체적 금액을 예시할 수 있을까요? 하루 3끼와 계절에 맞는 옷, 그리고 여행과 문화생활의 기본을 합리적으로 산정해, 국가나 지방단체가 모든 이에게 일정액을 무조건 제공한다면, 사회에 어떤 변화가 생길까요? '기본소득'입니다.

기본소득에 대한 논의의 역사는 유럽이 깁니다. 200년 정도라고 하는데, 유럽의 한 연구자가 시민에게 타당성을 물었다고 합니다. 조사에 응한 시민은 고개를 단호하게 저으며, 월급 이외에 기본소득이 추가 제공되면 술이나 허송세월로 나태해질 거로 단정했다네요. 한데 연구자가 그 시민에게 "당신도 술 마시며 시간을 허비할 생각이냐?" 다시 물었다고 해요. 정색한 시민은 "아니요! 나는 내 일을 계속할 겁니다. 다만 야근은 거부하겠죠."라고 대답했답니다. 그렇습니다. 기본소득은 그렇듯, 자신의 삶을 정의롭게 안내합니다. 기본소득을 받는 시민은 수당을 빌미로 강요하는 일은 당당하게 외면할 것이니까요.

기본소득이 진작 제공되었다면 청년 김용균은 태안화력발전소에서 처참하게 희생되었을 리 없었습니다. 정규직이든 비정규직이든, 청운의 꿈을 가진 젊은이가 터무니없이 열악한 조건의 일자리를 선택할 리 없으니, 화력발전소는 석탄 가루

날리는 작업환경을 일절 만들지 않을 겁니다. 더럽고 위험한 일이라면 당사자의 동의를 득한 뒤, 합당한 수당을 지급할 겁니다. 발전소는 설비 개선과 인건비 상승으로 요금을 올리겠지요, 소비자는 무력하게 상승한 요금을 감당하려 하지 않습니다. 비로소 에너지 효율을 살피고 낭비를 줄이려 노력할 게 틀림없습니다. 나아가 내일의 안전을 생각해 화력과 핵발전을 거부할 테니, 기후위기가 개선될 겁니다.

기본소득은 자존심을 무너뜨리며 스트레스받는 일자리를 사라지게 할 수 있습니다. 최저임금이 최고 임금인 아르바이트에 매달리는 대학생이나 젊은이는 자신만의 길을 찾아 몸과 마음을 수련할 겁니다. 책을 더 읽고 선배와 토론할 기회를 만들 겁니다. 운동 좋아하는 이는 체력을 연마하고 악기 다루는 이는 연습할 시간을 늘릴 겁니다. 다양한 분야에서 공평하게 자신만의 일을 누리는 사람은 다른 이의 개성을 배려하게 될 겁니다. 다정다감하게 교류하는 시민이 공존하는 사회는 건강할 뿐 아니라 민주주의가 강할 것입니다. 정치는 물론, 시민단체나 협동조합에 참여하는 시민은 미래세대를 먼저 생각하는 논의에 적극적일 게 틀림없습니다.

재원이 걱정입니다. 동독 지역인 라이프치히에 독일 폭스바겐은 대규모 공장을 지었지만, 기대한 일자리는 창출되지 않았습니다. 자동화 때문이었죠. 자동화로 많은 돈을 벌어들이면서 분배를 외면한 자본은 요즘 한술 더 떠서 인공지능(AI)을 도입합니다. 일자리 잃는 노동자는 소비할 기회를 빼앗깁니다. 자본가와 노동자 사이의 위화감은 커지고, 돈독하던 공동체는 무너집니다. 돈의 순환이 정체되는 만큼 경제도 뒷걸음칩니다.

기본소득은 선동도 복지도 아닙니다. 돈이 부족하거나 취직이 어려워지는 세상에서 기본소득은 공공재입니다. 사회가 안정적으로 유지되도록 도와줄 수단이라는 것을 동의하면서, 많은 사람은 기본소득의 재원을 궁금해합니다. 전문가는 기본소득 재원을 다양하게 제안합니다. 기후위기와 환경문제가 치명적으로 다가오는 상황에서 오염 유발자가 부담하는 세금을 재원으로 활용할 수 있습니다. 화석연료를 과소비해서 만든 상품을 과시하려고 사들이는 소비자에게 세금을 부과하자고 제안합니다. 일명 부유세입니다. 기후와 환경에 역행하는 무역에 과징금을 부과하자는 제안도 나옵니다. 기본소득의 재원으로 편성할 수 있습니다.

재원이 부족하면 수혜 대상자를 제한할 수 있습니다. 노인부터 시작하면 어떨까요? 노인에게 기본소득을 제공한다면, 노후 걱정이 없으므로 가정과 사회에서 경륜을 발휘하는 노인은 몸과 마음의 건강을 유지할 겁니다. 기존 예산을 재조정하면 상당한 재원을 확보할 수 있다고 전문가는 지적합니다. 농민에게 먼저 지급하자는 제안도 있습니다. 기본소득 받는 농민은 땅과 식구와 이웃, 그리고 소비자의 건강을 생각하며 유기농업을 선택할 것입니다. 활발해진 농촌에 젊은이가 찾아오면 식량 자급률을 높일 수 있겠죠. 농촌과 농민에게 감사해하는 도시 소비자들은 안정된 마음으로 아이를 더 낳을지 모르죠. 청년부터 제공할 수 있습니다. 월급의 액수가 잣대가 아니라, 자긍심 가질 일거리를 정의롭게 찾고 가정을 당당하게 꾸리겠군요.

유럽에서 200년 가깝게 논의한 기본소득을 우리의 일부 정치권과 시민단체에서 긍정적으로 바라볼 때가 있었는데, 주춤했습니다. 지독한 편견으로 왜곡한 정권이 무도하게 백안시한 탓입니다. 이제 논의를 되살려야 합니다. 전면 실행을 준비하는 국가가 있고 부분적으로 시도하는 지역이 여러 국가에 있습니다. 스위스와 핀란드는 정책에 반영하려고 연구한다고 하네요. 타당성을 찾아 폭넓게 논의하고, 실행하면 좋겠습니다. 의지와 관계없이 단지 돈이 부족하다는 이유로 소외되는 사회는 정의롭지 않아요. 사회 공공재인 기본소득을 시민 합의로 정의롭게 제공할 방법을 찾아야 합니다.

'새로운 일상은 여는 사람들'은 감염병이 창궐하는 기후위기 시대에 기본소득이 현 사회와 미래세대에 어떤 영향을 줄지 논의하면서 여러 사람을 만났습니다. 우리 사회에서 기본소득의 논의를 주도하는 분의 사려 깊은 의견을 들었고, 농민, 문화인, 그리고 청년이 기대를 소중하게 청취했습니다. 그들의 기대를 듣고 긍정적인 가능성을 믿습니다.

기후위기 시대, 생존을 위한 기본소득

박병상 안녕하세요. 오늘은 제가 먼저 이야기를 꺼내겠습니다. 작년에 50일 계속된 장마로 당혹스러웠습니다. 올해는 폭염이 22일 넘게 이어졌어요. 경보라는 건 가끔 내려야 정상인데, 계속 이어지네요. 그나마 우리나라는 에어컨으로 시원한 실내로 숨으면 숨을 쉴 수 있지만, 유럽이나 캐나다는 부자조차 에어컨이 없어 고생이 많다고 합니다. 실제 50일 넘는 폭염에 놀란 조카가 캐나다에서 한국으로 피했습니다. 이런 상황이 언제든 우리나라에 닥칠 수 있습니다.

얼마 전, 언론 기사로 보았는데, 인류에게 70년밖에 남

GUEST **강남훈** 사)기본사회 이사장 **박진도** 국민총행복 포럼 대표

은 시간이 없다고 합니다. 막 태어난 아기가 70세까지 살기 어렵다는 이야기예요. 지구 평균온도가 섭씨 3도 이상 상승할 것이라네요. 현재가 기준이 아니라, 산업화 시대의 기온이 기준인데, 이미 1.1도가 올랐어요. 우리 언론도 주목해주어 고마운데, 3도가 아니라 2도만 올라도 문제가 심각해집니다. 2도 오르면 3도 이상 저절로 상승한다는데, '양의 되먹임' 현상입니다. 평균기온이 계속 오르면, 이론적으로 6도 이상 상승할 수 있고, 6도가 넘으면 대기권 내에서 탈 수 있는 물질은 모두 타버린다고 합니다. 우리의 영상은 물론이고, 이 자리에 참석한 선생님께서 쓴 책, 제집의 책과 자료가 전부 타버릴 겁니다. 바닷속 일부 생물만 남고 모두 사라지는, 여섯 번째 대멸종으로 이어질지 모른다는 이야기입니다.

그런 파국이 닥치기 전에 우리는 어떻게 대응하며 살아야 할까요? 선거가 다가오면서 다양한 공약이 쏟아져 나올 텐데, 공약들이 눈에 넣어도 아프지 않을 우리 아이들의 생존을 고려하나요? 대부분 그렇지 않습니다. 반대로 아이가 살기 힘들게 하는 공약들이더군요. 저는 기후위기를 주목하는데, 떼어내려 할수록 자꾸 들러붙는 코로나19처럼, 요즘 징후는 무시무시합니다. 걷잡지 못하는 기후위기가 심각한 질병을 부르는 것이죠.

그래서 기본소득을 생각합니다. 우리 사회는 지금, 공기와 물도 돈 없으면 마음껏 마실 수 없습니다. 일할 능력이나 의지는 소용없습니다. 그저 돈이 없으면 소외될 수밖에 없는 상황입니다. 기상이변이 속출하고 일자리는 부족한데, 코로나19가 창궐했고, 더욱 끔찍한 감염병이 확산한다면, 마스크로 막을 수 없어요. 식량 대란 이상으로 치달을 텐데, 대안은 무엇일까요? '새로운 일상을 여는 사람들'은 삶을 새롭게 바꾸자고 호소합니다.

기본소득을 주제로 이야기를 풀어갈까 합니다. 주목해야 할 측면이 다양합니다. 일자리 찾기 어렵게 만드는 AI가 일자리를 빼앗을 것이라는 예측에서 기본소득 이야기가 출발합니다만, 농민이 힘든 상황입니다. 70에서 80대로 농민이 고령화된 상황에서 기후위기가 심각할 때 식량 문제를 어떻게 해결할지 고민해야 합니다. 대안 중 하나가 기본소득이 아닐까 제안하고 사람이 있더군요.

저는 전문성이 부족합니다. 기본소득을 오래 연구하며 제안해온 강남훈 교수께서 초대손님으로 오셨습니다. 그리고 경쟁에서 승리하는 자가 지배하는 사회에서 우리는 행복할 수 있는지 고민하시며 "지속 가능한 행복"을 이야기하시는 분, 유머를 잃지 않고 농업의 가치를 말씀하시는 박진도 대표께서 초대손님으로 참여하셨습니다.

사람들은 인공지능 기술 혁명이 일자리를 감소시킬 것이라
직감하고 있는 것 같습니다. 특히 청년들의 불안감이 두드러집니다.
불안정한 삶의 양상이 기본소득에 대한
사회적 공감대를 넓히는 계기가 된 것 같습니다.

제가 이야기를 꺼냈지만, 우리 모임을 이끌어온 홍미영 이사장께서 참여하십니다. 전문가의 날카로운 논쟁이 아니라 의견 나누는 자리입니다. 제 말이 길었습니다. 그럼 기본소득이 무엇인지, 기본소득에 대한 기대와 희망이 무엇인지, 의견을 듣고 싶습니다. 강남훈 교수께서 이야기를 열어주면 좋겠습니다.

강남훈 기본소득이 우리 사회에 부상하게 된 배경에는 현재 진행되는 인공지능 기술 혁명이 상당 부분 영향을 미친 것으로 보입니다. 초기 단계에 있는 인공지능 기술이 아직 일자리를 없애는 수준은 아니지만, 장기적으로 일자리 자체를 감소시킬 가능성이 있다는 점을 사람들이 직감하고 있는 것 같습니다. 더불어 인공지능 시대 이전부터 불평등은 심화하고 있습니다. 일자리 총량은 크게 줄어들지 않았더라도, 안정적이고 양질의 일자리가 감소하고, 비정규직처럼 불안정한 노동이 증가하면서 불평등이 전반적으로 커지고 있습니다.

이러한 상황에서, 많은 사람이 불안정한 삶을 살고 있어요. 특히 청년층의 불안감이 두드러집니다. 좋은 일자리가 부족한 상황에서 소수의 좋은 일자리(대략 10% 내외)를 얻기 위해 경쟁이 치열해지면서 불안과 초조함을 느끼게 됩니다. 어렵게 좋은 일자리를 얻었더라도 조금만 삐끗하면 언제든 비정규직으로 밀려날 수 있다는 불안감이 존재합니다. 반대로 잠시 눈 깜빡한 사이, 부동산 투기로 단기간에 큰 자산을 형성한 사람들을 보며 상대적으로 박탈감을 느끼고 자신의 위치가 하락하는 느낌을 받기도 합니다. 떨어지는 꿈을 꾸듯, 불안정한 삶의 양상이 기본소득에 대한 사회적 공감대를 넓히는 계기가 된 것 같습니다.

박병상 지금 고개를 돌려서 농촌을 보면, 살아있는 게 용하다는 생각이 들 정도로 처참한데, 멀리 있는 위기가 아니거든요. 하지만 도시 사람들은 전혀 모르죠. 그런 문제를 고민하는 박진도 대표의 생각을 전해주시면 좋겠습니다.

박진도 우선 강남훈 교수께서 기본소득이 등장하게 된 배경과 필요성에 대해 잘 설명해 주셨습니다. 그 부분에 대해 제가 조금 더 말씀드리고 싶은 점이 있습니다. 평소 강남훈 교수께서 많이 언급하셨지만, 시청자를 위해 이야기할 필요가 있을 것 같아요.

기본소득에 대한 고민과 그 필요성에 대해 기본적으로 동의합니다. 그런데 기본소득 논의에서 가장 중요한 쟁

점 중 하나는 '충분성'이라고 생각합니다. 충분성이란 결국 강남훈 교수께서 말씀하셨듯, 불평등 해소에 기여하고 사람들의 삶을 불안하지 않게 만들며, 나아가 기본소득의 취지에 따라 노동 여부와 관계없이 인간다운 삶을 보장해야 한다는 것을 의미합니다. 그렇다면 불평등 문제를 해결하고, 삶의 불안감을 줄이며, 인간다운 삶을 유지할 정도의 기본소득이 되려면 상당한 수준의 금액이 지급되어야 한다고 저는 생각합니다. 쉽지 않은 일인데, 연간 50만 원 또는 100만 원 정도의 금액을 지급하면서 이를 '기본소득'이라고 말하기에 충분할까요?

기본소득 논의에 찬성하면서 저는 현실적으로 바람직하지 않다고 생각합니다. 예를 들어, 전 국민에게 연간 50만 원씩 지급한다면 대략 30조 원의 예산이 필요하고, 100만 원이라면 60조 원 정도가 소요될 것입니다. 한데, 현재 우리나라 복지 수준을 보자고요. 의료, 교육, 돌봄, 주거처럼 시급하게 개선해야 할 부분이 많습니다. 1인당 연간 50만 원씩 나누어주는 것보다 더욱 시급한 복지 영역에 투자하는 것이 낫지 않겠느냐는 것이 제 생각입니다. 물론 제 생각입니다. 우리 사회가 안고 있는 여러 문제, 예를 들어 저출산 고령화나 앞서 언급된 농촌 문제에 집중해야 할 필요가 있다고 저는 생각합니다.

현금 지급 방식의 기본소득보다 선별적인 지원이 필요하다고 생각합니다. '선별적'이라는 말에 여러 의미가 포함됩니다. 현재 우리는 아동 수당, 노인 수당, 기초생활수급자에 대한 생계급여 들을 지급하고 있지 않습니까? 청년 수당도 마찬가지고요. 이러한 제도는 특정 대상을 선별하여 집중적으로 지원하는 방식입니다. 저는 이러한 방식이 더 필요하다고 생각합니다. 현재 노인 수당이나 기초생활수급자 급여가 부족한 상황이므로, 재정 여유가 있다면 시행 중인 선별적 복지 제도에 집중해서 투자하는 것이 좋겠습니다.

선별 영역에 농촌을 하나 더 포함하고 싶습니다. 농촌 기본소득 논의가 있지만, 저는 그 말 대신 '농어촌 주민 수당'이라는 말을 사용합니다. 큰 차이는 없다고 볼 수 있는데, 이유는, 기본소득이라고 이야기하는 순간, 수급 여부와 차등 지급에 대한 논쟁이 불거질 수 있기 때문입니다. 앞서 말씀드렸듯이, 수당 개념으로 접근하는 것이 좋다고 생각합니다. 단순한 돈보다 목적을 명확히 하는 수당이 낫다고 보니까요. 그래서 저는 명칭을 '국토, 환경, 문화, 지역 지킴이 수당'으로 제안하고 싶습니다. 즉, 농어촌 주민들이 국토를 지키고, 환경을 보존하며, 지역 문화를 계승하고, 결과적으로 지역을 지키는 역할을 합니다. 그에 대한 수당을 지급하는 개념으로 접근하는 것이 좋겠습니다. 명칭으로 지급 목적을 분명히 하자는 의미에서 '수당'이라는 용어를 저는 사용합니다. 물론 지급 방식에 너무 까다로운 조건을 붙이는 것은 큰 의미가 없습니다.

기본소득 자체를 무조건 반대하는 건 아닙니다. 결론적으로, 기본소득이 월 300만 원 정도 지급된다면(국민 투표에서 부결되기는 했지만), 비록 300만 원까지 어렵더라도 모든 국민에게 월 50만 원이라도 지급할 수 있다면, 저는 반대할 이유가 전혀 없다고 생각합니다. 하지만 현재 우리나라의 재정 상황이 그에 상응할 수 없다고 하므로, 지금은 가장 시급한 부분에 집중하는 것이 필요하다는 생각입니다. 제가 특별히 농어촌 지역을 강조하는 것은, 노인 수당과 마찬가지로 대단히 안타까운 현실이지만, 현재 농촌의 회복력이 상실되었을 정도로 피폐했기 때문입니다. 그래서 수당 형태로 현금을 지급해야 농촌이 다시 살아날 수 있지 않겠는가, 하고 생각합니다.

박병상 예전에 경작을 쉴 때 비용을 줬던 휴경지 보상(쌀 생산 조절 및 농지 관리 차원에서 시행되는 정책으로, 농민에게 휴경을 통해 발생하는 소득 감소를 보상해주는 제도)이 있었는데요. 그랬더니 갑자기 땅 주인이 나타나서 그 금액을 가져가는 경우가 있다고 하라고요. 농민수당을 준다면, 농민 아닌 사람들, 서울이나 외지에서 지주들이 와르르 나타나 추수하듯 보상금을 걷어가는 일이 생길까 걱정하는 사람이 있겠어요.

박진도 그런 일을 방치하면 안 될 것 같고요. 몇 군데 지자체에서 농민수당을 시행하는데, 그런 문제는 크지 않습니다. 농민수당을 시도하는 지자체가 더욱 나왔으면 좋겠습니다. 바람직하기로, 범위가 넓더라도, 농민수당이 아니라 농어촌 주민에 지원제도를 국가 차원에서 만들어야 농촌의 지역 문제가 해결될 것 같아요. 그것을 기본소득 형태로 지급하자는 게 제 말입니다. 저는 기본소득을 범주적으로 제한해서 얘기하는 거죠. 기본소득 자체를 부정하는 것은 아니고요. 그렇게 이해하시면 됩니다.

박병상 《기본소득 비판》이라는 책을 보았는데, 저자 이상이는 복지에 관한 생각이 확고해 보여요. 기존 복지 제도로 충분하며, 기본소득은 성공한 사례가 없다고 주장합니다. 하지만 복지 제도 역시 시작부터 충분히 논의되지 않았고, 기본소득 또한 일부 국가에서 막 시작한 제도라는 점을 염두에 둘 필요가 있다고 봅니다. 논의가 처음부터 완벽할 수 없잖아요. 무조건 모두에 같은 현금을 지급하는 것이 기본소득의 이상이지만, 처음부터 이상적이기 어려울 겁니다. 나아가면서 과정마다 다양한 논의가 이어져야겠죠.

농민수당에 관한 이야기가 나왔는데, 대상을 선별한다면 누가 농민인지 일일이 찾아내 분류하는 과정이 공무원에게 부담이 될 겁니다. 반면 기본소득은 그런 절차가 필요하지 않아요. 농민 여부를 따질 필요가 없죠. 기본소득 필요성을 생존 차원에서 이야기했는데, 농촌 현실을 보면 과연 살아갈 수 있을까 걱정하게 됩니다. 1인당 연간 50만 원을 예를 들어서 말씀하셨는데, 그 정도의 금액으로 충분한지, 저도 의문입니다. 50만 원을 한 달 기준으로 지급하면 어떨까요? 아직 의견을 나누는 수준으로 보입니다. 정치권의 얘기도 많더라고요. 이사장께서는 어떻게 보시는지요?

홍미영 제가 정치와 행정 분야에 오래 몸담았습니다. 대략 40년 전, 달동네 주민 운동을 시작하면서부터입니다. 그때 한 주민의 말이 생생합니다. "우리가 상수도세를 내는데 왜 한밤중에만 물이 나오고, 쓰레기 수거료를 내는데 왜 다른 지역보다 청소가 안 되는가?" 물었어요. 어떻게 하면

이러한 상황을 바꿀 수 있을지? 어렵게 사는 사람들이 행복해질 방법을 고민했습니다. 고민을 이어가면서 지방자치 기초의원과 광역의원으로 활동했고, 과정마다 생산적 복지, 보편적 복지 논의가 이어졌습니다. 국회의원일 때, 참여정부의 지방자치 분권 논의가 있었습니다. 이런 과정에서, 아랫목만 따뜻해지는 것이 아니라 윗목까지 고루 따뜻해지는 방법, 국가나 행정, 지방자치가 어떻게 국민 생활에 기여할 지를 고민해 왔습니다.

돌이켜보면, 노력의 결과 일정한 개선이 이루어졌지만, 근본 문제가 해결되지 않았다는 걸 확인하게 됩니다. '촛불정부'에서 정치 민주화는 혁명적으로 진전되었지만, 경제 분야의 양극화는 오히려 심해졌습니다. 세계적인 신자유주의와 코로나19 팬데믹, 그리고 강남훈 교수가 지적한 AI, 4차 산업혁명이 겹치면서 커졌습니다. 제 걱정은 풀뿌리 시민들이 삶에 온기가 없다는 것입니다. 나라 경제는 크게 개선되었는데 혜택은 사각지대에 돌아가지 못해요. 복지 제도가 있음에도 불구하고, 극단적인 상황(자살 등)으로 내몰리네요. 엄청난 가계부채로 국민은 상당한 부담을 안고 있어요. 부모보다 자식 세대가 더 어려운 삶을 살 것이라는 암울한 전망이 나오는 상황에서 뭔가 새로운 전환이 필요하다는 국민적 공감대가 형성되는 것 같습니다.

기본소득은 최근에 등장한 논의가 아닙니다. 200년 전 토마스 페인(Thomas Paine)이 "토지는 공유부"라고 주장하며 토지 공개념 논의를 시작했고, 영국은 1940년대 베버리지 보고서로 복지국가로 나아가야 한다는 정교한 논의가 이어졌습니다. 이러한 흐름이 기본소득 논의로 이어진 것으로 생각합니다. 우리나라는 2017년 대선 때 있었지만, 공론화가 충분하지 못했는데, 코로나19 팬데믹으로 재난지원금을 받을 때, 기본소득의 이해가 조금 높아진 것 같습니다. 재난지원금으로 생존 문제가 어느 정도 해결되고 가계부채 압박감에서 벗어날 수 있다는 점을 체감했으니까요. 저는 논의가 공론화되고, "눈에 넣어도 아프지 않은 아이들의 미래"를 결정할 선거에서 충분히 논의되었으면 좋겠다고 생각합니다. 소통과 공감의 폭이 넓어지는 것이 필요하다고 봅니다.

구청장으로 일해 보니, 한계를 봅니다. 중앙정부에서 예산을 보내면서 분권이라고 이야기하지만, 실제 골고루 배분되지 않는 현상이 있었어요. 사회복지 담당 공무원은 수급 자격을 계산하느라 힘들어했거든요. 소득과 집의 가치가 얼마인지 따져서 차등 지급하고, 가족 수를 따지며 혜택을 나눴어요. 복지 담당자는 스트레스로 힘들어합니다. 자녀 이름으로 재산을 정리해 대상에서 제외되었다며 구청장실로 찾아오는 어르신도 계셨으니까요. 송파 세 모녀 사건 같은 비극적인 사례를 보면, 모든 국민에게 차별 없이 나누어주면서 생존을 보장하는 것이 더불어 사는 사회를 만드는 방법이라고 생각하게 됩니다. 기본소득 논의가 더욱 활발하면 좋겠습니다.

박병상 피부에 와닿는 현실에서 고민하셨습니다. 지금까지 기본소득에 대한 일반적인 내용을 이야기했는데요. 이제 실질적 내용을 나누었으면 좋겠습니다. 다음 주제가 '행복한 생존'을 이야기하자는 것인데, 사례를 좀….

홍미영 예, 강남훈 교수께서 '재원 문제'를 말씀해주셨는데요. 기본소득으로 월 50만 원 정도라면 모르지만, 박진도 이 사장께서 말씀하셨듯 한 해 50만 원에 그친다면 차라리 필요한 곳에 집중하여 지원하는 게 낫다는 지적이 있습니다, 결국 푼돈에 불과하다는 이야기잖아요. 이 부분에 대해 강 교수의 의견은 어떤지요?

강남훈 예, 짧게 말씀드리면, 세금으로 조성하는 기존 재원이라면 어려운 사람에게 지원하는 편이 낫다는 생각에 동의합니다. 기본소득은 모든 국민에게 나누는 개념입니다.

따라서 비록 소액이라도 세금을 더 걷지 않으면 실행할 수 없습니다. 그런데 1987년에 민주화가 이루어진 이후, 어떤 대통령 선거나 국회의원 선거에서 "세금 더 걷어서 복지를 확대하겠다."하고 약속한 후보를 한 번도 본 적 없습니다. 기본소득을 공약한다면 증세를 내걸어야 한다는 기대를 하면서 기본소득 운동을 해왔습니다. 드디어 결과가 이어지네요. 증세와 기본소득 추진을 약속하는 후보를 만들어내는 데 성공했습니다. 물론 세금을 걷어서 "가장 가난한 사람만 도와주겠다."하는 후보가 있다면 더 좋겠지만, 세금을 걷어 "모든 사람에게 나누어 주겠다."하는 후보가 등장한 것은 복지국가로 가는 걸음의 큰 변화라고 저는 생각합니다.

한 말씀 더 드리면, 논의되는 기본소득이 월 10만 원에 불과한 수준이더라도, 실행하는 동시에 소통하는 과정이 중요합니다. 경기도에서 지난 2년 동안 두 차례의 '공론토론'을 진행한 바 있습니다. 공론토론에 앞서, 주민 약 4천 명을 대상으로 기본소득에 대한 찬반을 조사한 겁니다. 조사 결과, 40%가 찬성, 30%가 약한 반대, 30%가 강한 반대 의견을 보이더군요. 그 비율에 맞춰 주민 200명을 무작위로 선발했고, 1박 2일 동안 공론토론에 들어갔습니다. 몇 개 조를 만들어서 필요한 자료를 제공하고, 4대 3대 3 비율로 찬반 의견을 가진 사람이 섞이도록 조별 인원을 구성했습니다.

토론 전에 몇 가지 질문을 던졌습니다. 예를 들어, 세 가지 형태의 증세에 동의하는지 물었습니다. 물론 기본소득을 전제로 하는 증세였습니다. 첫째는 토지세에 대한 찬성 여부, 둘째는 탄소세에 대한 찬성 여부, 셋째는 월 30만 원 정도의 기본소득 지급을 목적으로 세금을 10% 정도의 증세에 대한 찬성 여부였습니다. 이틀간의 토론 결과 모든 항목에서 찬성 비율이 두 배로 늘었습니다. 탄소세는 80%가 찬성했고, 토지세는 75%, 그리고 충분한 금액을 보장할 수 있는 '시민세'에 대해서는 70%였죠. 찬성 비율이 정확히 두 배로 는 것입니다. 조사가 잘못되었을까 싶어 다음 해에 다시 시도했는데, 똑같이 찬성 비율이 늘어났습니다.

이는 분명합니다. 우리 국민이 충분한 금액의 기본소득 도입을 긍정적으로 본다는 것, 그리고 그 재원 마련을 위한 증세에 동의할 가능성이 크다는 것이잖아요. 이러한 긍정적인 발견에 기초하여, 다가오는 선거에서 토지세, 탄소세 도입을 공약으로 용감하게 제시하는 후보가 등장할 수 있었던 것입니다. 만약 기회가 된다면 국민 투표를 거쳐 결정할 수 있다고 생각합니다. 스위스는 공론토론 없이 진행했지만, 우리는 1년 이상의 충분한 공론토론을 거치고 진행하고자 그런 생각을 가집니다.

홍미영 결국은 세수, 즉 재원이 확보되어야 한다는 점에서 국민과 합의를 거쳐 기본소득 논의를 진행해 나갈 수 있다는 말씀이었습니다. 박진도 대표 말씀 중에 '충분성'을 지적하신 것도 결국 국민, 특히 사회적으로 약한 국민이 행복해져야 한다는 전제라고 저는 생각합니다. 행복하지 못한 사람을 행복하게 만들 방법을 제안하면서, 재원문제를 언급하신 것이죠? 그런데 강 교수의 의견을 들으니, 토론을 거쳐 국민의 합의를 얻는다면 증세로 재원을 마련할 수 있을 것 같습니다. 박 이사장은 물질적 성장보다 '국민총행복'(GNH, Gross National Happiness)*이라는 형태의 '행복성장'을 꾸준히 주장하셨고, 전국 40여 지방자치단체에서 협의체를 구성하는 역할을 하셨습니다. GDP가 아닌 GNH로 행복해질 방법에 대해 이번

---

* 국민총행복지수(GNH) : 부탄에서 1970년대에 만들어낸 행복 개념. GNH에 관한 관심이 점차 높아져 2007년 4월, OECD는 국민총행복을 목적에 따라 평균행복(Average Happiness), 행복수명(Happy Life Years), 행복불평등(Inequality of Happiness), 불평등조정행복(Inequality-Adjusted Happiness) 4개 세부 행복지수를 구분하고 각 국가의 GNH 정도를 측정하였다. '국민총행복지수'라는 용어는 1972년 파이낸셜타임스 기자가 뭄바이 공항에서 부탄의 왕 지미 싱게 왕축과 가진 인터뷰에서 "국민총행복지수가 국내총생산보다 더 중요하다."하는 왕의 언급에서 유래했다.

기회에 말씀해주시면 좋겠습니다.

박진도 매월 50만 원을 지급할 수 있다면 기본소득 역할을 할 수 있다고 생각하고요. 그게 아니라 기본소득이라고 말하면서 1년에 50만 원 줄 바에는 더 급한 곳에 먼저 쓰는 게 낫겠단 말입니다. 강남훈 교수의 말씀처럼, 저는 어떤 경우든 증세해야 한다고 생각합니다. 증세를 통해 확보한 예산을 잘 사용하도록 논의를 모아가는 것이 중요하다는 점에 공감합니다. 국민총행복을 위해서도 증세는 반드시 필요합니다.

제가 현재 일하는 단체는 '국민총행복전환포럼'입니다. 여기에 '전환'이라는 단어를 왜 넣었냐면, 우리 사회의 패러다임을 경제 성장 중심에서 국민 총 행복 중심으로 '전환'하자는 의미를 담기 때문입니다. 1960년대 박정희 시대의 개발 독재 이후 지금까지 한국 사회를 지배한 가장 큰 이데올로기가 '성장주의'라고 생각합니다. 성장주의란 결국 우리 사회의 많은 문제를 경제 성장으로 해결하겠다는 의지이고, 경제 성장을 해야만 해결할 수 있다는 생각입니다. 강조하면, 경제 성장을 위한다면 다른 가치들을 희생해도 무방하다는 생각이기도 한 것입니다. 박정희 시대를 가장 전형적으로 표현하는 것이 '선(先) 성장 후(後) 분배'라는 거 아니겠어요?

그러한 성장주의가 지금까지 지배하는데, 문제는 여전하다는 데 있습니다. 우리나라가 60년대, 70년대에 비해 경제적으로 엄청나게 성장하지 않았습니까? 세계 9위권, 10위권의 경제 대국이고, 1인당 GDP만 보더라도 지금 3만 3천 달러 수준인데 국민이 행복을 느끼지 못한다면, 물질적 부족에서 이유를 찾을 수 없다는 것이죠. 행복하기 위해서 기본적인 물질적 토대가 있어야 한다는 건 당연합니다. 배가 고픈데 행복할 수는 없으니까요. 제가 행복 이야기할 때, 어떤 사람은 저에게 "박 교수는 배가 불러서 그런 소리를 한다"하고 말합니다. '먹을 것이 없고 잠잘 곳이 없고 입을 것이 없는데 어떻게 행복할 수 있냐"라는 말이겠죠. 인간에게 필요한 기본적인 물적 토대는 갖춰져야 한다는데 저는 물론 동의하는데, 이미 우리는 그 정도는 갖췄다는 사실을 주목합니다. 따라서 이제 물적 토대를 더 높이려는 경제 성장, 다시 말해 GDP 성장을 목표로 삼을 때가 아니라고 주장합니다. 왜냐하면 GDP라는 것은 사실 시장에서 경제 활동이 얼마나 활발한지를 측정하는 장치일 뿐입니다. 그것이 활발하다고 해서 반드시 행복해지는 것도 아니에요. 오히려 활발할수록 불행해질 수 있습니다.

예를 들면, 미국 대통령 후보였던 로버트 케네디는 "GDP는 우리에게 가치 있는 것을 제외한 나머지 모든 것을 측정한다"하고 언급했습니다. 그분의 말을 더 따라가 보면, GDP가 증가하면 할수록 오히려 삶의 가치가 떨어진다는 지적입니다. 미국 대통령 후보의 대담한 이야기였는데, 대통령이 될 뻔했습니다. 직전까지 갔는데, 1968년에 암살당했죠. 미국 사회는 당시 그렇게 말한 사람을 용납하지 않은 것이죠. 로버트 케네디가 암살당한 바람에 미국이 지금 이 지경이 되었다고도 볼 수 있겠습니다. 그분이 당선되었다면 미국이 훨씬 더 나은 방향으로 나아갔을 것으로 저는 생각합니다. 사람들은 GDP가 올라가면, 경제 성장하면, 삶이 좋아질 것이라고 막연하게 믿고 있습니다. 그런데 사실이 아닙니다. GDP가 행복이나 삶의 질을 측정하는 지표가 아니기 때문입니다. 이러한 점을 명확하게 이야기할 필요가 있어요.

또 하나, 과거처럼 높은 성장을 이루기 어렵다는 현실을 인식해야 한다는 것입니다. 1인당 GDP가 100불, 200불, 1,000불 하던 시절이라면 성장이 쉬웠지만, 이제 아닙니다. 선진국 경제 수준에 도달하여 성장 자체의 여력이 줄어들었습니다. 예를 들어 우리나라의 잠재 성장률, 즉 우리가 가진 모든 에너지를 다 동원해도 성장률이 2%가

되지 않는다고 합니다. 따라서 이제 성장을 통해 문제를 해결하겠다는 생각을 접어야 합니다. 인간이 궁극적으로 추구하는 목적이 무엇일까? 생각해봐야 합니다. 결국 행복하게 살고 싶잖아요? 행복하게 살고 싶다는 것에 강박 관념을 가질 필요는 없습니다. 오히려 불행해질 수 있습니다.

"행복한 사회는 어떤 사회일까?" 생각해 볼 수 있습니다. 그것은 앞서 이야기한 것처럼, 기본적인 물질적 토대뿐 아니라, 의료, 교육, 문화, 공동체, 일과 삶의 균형처럼, 여러 요소가 균형을 이루어야 한다고 봅니다. 그러한 의미로 '국민 총행복'을 정의합니다. 그런데 국민총행복 지수가 높은 사회가 되기 위해서 어떻게 해야 할까요? 모든 사람이 행복하면 물론 좋겠죠. 하지만 우리가 특별히 관심 가진 것은 '아직 행복하지 않은 사람'들입니다. 미안한 이야기지만, 이미 행복한 사람들은 국가가 굳이 챙겨주지 않아도 됩니다. 그래서 우리 '국민총행복전환포럼'은 아직 행복하지 않은 사람들의 행복을 증진하는 것으로 국민총행복 수준을 높이자는 생각을 하고 있습니다. 이제 우리 사회의 패러다임을 경제 성장 중심에서 국민 총 행복 중심으로 바꾸어야 합니다.

대단히 유감스러운 것은 선거를 앞두고 '성장'을 이야기하는 후보만 있다는 사실입니다. 표현은 다르지만, 결국 성장으로 사회를 구하겠다고 이야기하네요. 성장주의가 너무 뿌리 깊이 박혀 있습니다. 저는 우리나라를 끌어갈 후보들이 성장주의에 대한 반성을 조금이라도 하고, 성장이 아니라, "내가 당선되면 국민의 행복을 위해서 어떤 일을 하겠습니다."라는 약속을 하길 바라는 마음입니다.

박병상 제가 덧붙여보겠습니다. '아이들이 대학에 가고 직장을 얻으면 행복해질까?' 하는 생각을 해봅니다. 제 친구들을 보면, 열심히 공부해서 좋다는 대학과 직장에 들어갔는데, 지금 행복한가요? 그들의 아이들은 행복한가요? 행복을 향해 열심히 제 길을 가고 있는가요? 그렇지 않더군요. 남과 비교하며 자신을 평가하더군요. 저는 행복이란 지금 당장 느끼는 것이지, 나중에 행복하려고 오늘을 유보하는 것은 아니라고 봅니다. 행복할 수 있는 길이 보인다면, 그 길로 가는 겁니다.

에어컨이 필요 없던 캐나다의 기온이 49.5도까지 치솟을 것으로 누가 상상했겠습니까? 산불을 걷잡지 못합니다. 맨몸으로 뛰쳐나올 수밖에 없는 화재가 캐나다에서 그치지 않아요. 우리나라도 마찬가지입니다. 난폭한 개발의 돌이킬 수 없는 부작용인데, 상황을 바꿀 방법이 있을까? 의문이 생깁니다. 이미 행복한 사람은 자기 행복을 잠시 접고 불행한 사람을 위해 노력하자는 말씀에 동의하지만, 간신히 행복을 유지하는 사람도 재난에 닥치면 갑자기 불행의 나락으로 떨어질 수 있다는 점을 간과할 수 없습니다.

갯벌 이야기하고 싶습니다. 기후 재난을 가장 효과적으로 막는 갯벌은 식량 측면으로 보아도 논보다 훨씬 많은 먹을거리를 지속적으로 제공합니다. 그런데 우리는 갯벌을 모조리 매립하고 그 자리에 이산화탄소를 대거 배출하는 시설을 늘어놓았습니다. 기후위기가 닥칠 때, 재난을 헤쳐갈 방법이 망가졌어요. 역설적인데, 고맙게도, 제 아이가 이야기하네요. 제 글을 많이 읽지 않았을 텐데, "아버지 때문에 결혼도 하지 않고 아이도 낳지 않을 생각"이라고 해요. 태어날 아이를 행복하게 해줄 자신이 없다는 겁니다. 그러니, 자신에게 결혼하라고 강요하지 말라고 부탁해요. 여친과 재미있게 사는 중인데 그렇게 말합니다. 이런 상황에서 성장을 이야기하는 후보는 한가로운 겁니다.

케네스 볼딩(Kenneth E. Boulding)이라는 유명한 경제학자가 이야기했다는데, "경제 성장이 계속될 것으로 믿는 사람은 미치광이거나 경제학자"라는 겁니다. 지속적인 경제 성장은 불가능하다는 주장입니다. 석유는 고갈 신호를 드러낸 지, 10년은 넘었습니다. 석유가 없어지면 외국에서 어마어마한 양의 농산물을 수입하는 것은 불가능합니다. 우리가 수입하는 농산물은 대부분 석유 없이 재배할 수 없습니다. 생존을 위해 무엇을 해야 할 것인가를 고민해야 합니다. 저는 그러한 측면에서 기본소득을 생각합니다. 《녹색평론》을 많이 봐서 그런지는 모르겠습니다만, 기본소득이 아니고서는 행복을 이어가기 어렵다고 생각하게 됩니다.

재원 문제에서 저 역시 고민할 수밖에 없는데, 색다른 주장이 있습니다. "돈을 왜 은행에서 발행하느냐? 기본소득을 위한 돈은 정부에서 발행해서 국민에게 직접 나눠주자."하는 이야기입니다. 이자 붙는 돈을 은행에서 발행한 역사는 사실 길지 않잖아요? '현대화폐이론'이라고 하던데, 전혀 근거 없는 이야기가 아닙니다. 제가 잘 알지 못하고, 지금 이 자리에서 논의할 사항은 아니지만, 기본소득의 재원으로 전문가의 깊이 있는 논의가 있으면 좋겠다 싶습니다.

홍미영 재원과 관련해 획기적 방안을 생각해보자는 말이군요.

은행 배를 불려주면서 돈 가진 자가 돈 굴리는 부조리가 아니라, 생존에 필요한 가장 기본적인 부분을 보장하는 기본소득을 주장하면서, 현재의 기후 상황을 고려하지는 지적입니다, 재난으로 다가오는 기후위기 문제를 고려해야 한다는 주장에 공감합니다.

박병상 기본적인 삶을 보장할 정도로 기본소득이 제공된다면, 돈이 있다는 이유로 나를 좌지우지하려는 인간에게 더는 굽실거리지 않아도 됩니다. 기본적인 생존이 보장되기 때문에 "나는 네 강요에 굴복하지 않을 테야. 내가 하고 싶은 걸 할 거야!"라고 저항할 수 있을 겁니다. 이제 우리 사회를 더 밝고, 건강하고, 생존이 가능한, 그리고 강압에 굴복하지 않아도 되는 세상, 속이 시원해지는 사회로 만들어가는 방법을 기본소득으로 찾을 수 있다는 주장에 관한 이야기로 잇고 싶습니다.

한 달에 50만 원의 기본소득이 지급된다고 가정해도 걱정되는 부분이 있습니다. 네 식구인 제집은 200만 원을 받을 텐데, 그중 절반은 집세를 포함해 세금으로 다시 빠져나갈 겁니다. 남는 돈은 100만 원밖에 없어요. 기본적인 삶을 살려면 책 한 권은 읽어야 할 것 같고, 친구와 한 달에 한 번 정도는 술도 마셔야 할 것 같은데, 불가능해지는 겁니다. 계속 힘들게 살아야 하네요. 소신을 지키며 행복을 잃지 않고 살아갈 '방어막'으로 생각하는데, 기본소득을 복지 차원으로 본다면, 놓치는 부분이 많은 건 아닐까요?

'기본소득을 복지 차원에서 보아야 하는가?' 하는 질문이 생깁니다. 복지 제도가 잘 되어 있다면 기본소득이 필요 없다는 주장도 있는데, 우리나라의 복지 제도는 사각지대도 많고 전달 체계도 미흡하며 개선해야 할 점이 많다고 들었습니다. 복지 차원으로 접근한다면, 기본소득의 의미가 초라해질 것 같습니다. 기본소득을 자존감, 행복 같은 차원으로 평가한다면 어떤 이야기가 가능할까요? 두 전문가께서 제 의견에 대해 진단할 게 있거나 덧붙일 말씀이 있으면 이어주십시오.

박진도 기본소득에 대해 반대할 생각이 전혀 없습니다만, 답답한 것은 농촌에 대한 고려입니다. 농촌은 교육과 의료 문제로 고통이 커요. 제대로 된 치료를 받지 못하고, 아이들 교육도 제대로 받지 못합니다. 농촌에 무엇이 가장 필요한지, 제게 묻는다면, 진정한 무상교육, 아플 때 언제든 병원에서 치료받을 권리, 그리고 공부를 잘하는 자녀가 돈이 없어 대학에 가지 못하는 일이 생기지 않도록 배려하는 것이라고 말할 겁니다. 그런 의미에서 저는 기본적으로 무상의료, 무상교육 같은 보편적인 서비스가 실현되면 좋겠다고 생각합니다. 농촌에서 현재 무엇으로 생활하는지 살펴야 합니다. 현금이 없습니다. 필요할 때 소득이 발생하지 않아요. 그래서 그분들의 의료와 교육 문제가 당장 해결되지 않는 겁니다. 그렇기에 농촌 기본소득이든 농촌 주민 수당이든, 현금을 지급해야 한다는 것입니다. 그래야 살아갈 수 있거든요. 그 두 가지가 충돌하는 것은 아니지만, 대상에 따라서 충돌할 수 있습니다.

저 같은 사람은 현금(기본소득)을 받지 않아도 괜찮습니다만 무상교육, 무상의료처럼 인간의 기본적인 권리에 해당하는 서비스는 제공되어야 합니다. 제 딸은 직장을 다니다가 그만두었는데, 직장생활 하며 아이를 키울 수가 없기 때문이었어요. 대한민국에서 '좋은 직장'이라는 곳의 상황이 그렇습니다. 돌봄 서비스 같은 문제가 제대로 해결되지 않기 때문입니다. 제 딸은 한 달에 몇백만 원의 월급을 받았는데 사람 고용해 아이를 돌보면 한 달 200~300만 원 정도가 들어갑니다. 이게 뭐 하는 짓인가? 하는 생각이 듭니다. 차라리 직장을 그만두고 집에서 아이를 키우겠다는 이야기가 나오는 것이겠죠. 돌봄은 대상을 선택해 서비스하는 일이 아닙니다. 누구나 반드시 필요합니다. 제가 드리고 싶은 말은 교육, 의료, 돌봄, 주거처럼, 삶에서 가장 기본적인 것은 소득 수준과 관계없이 모두에게 보편적으로 제공되어야 한다는 점입니다. 보편적인 서비스 강화입니다.

다만 현금 지원 문제는 재정상의 어려움 때문에 기본적인 보편 서비스를 먼저 강화하고, 재정 여유가 생기면 그때 선별적으로 현금을 지원하자는 것입니다. 기본적 필요가 해결되지 않는 상황에서 현금 지원만으로 문제가 해결되지 않기 때문입니다. 문제는 어쨌든, 재원이 필요하다는 점입니다. 농촌 이야기를 더 하자면요, 제가 한 달에 50만 원을 말씀드렸지만, 정 어려우면 30만 원이라도 지급하자는 것입니다. 30만 원을 지급한다면 4인 가족의 경우 한 달에 120만 원이 됩니다. 120만 원을 받고 농사를 짓거나 다른 일을 하면, 한 달에 200만 원 정도의 소득이 생기겠죠. 그 정도면 구차하게 살지 않아도 됩니다. 농촌에서 그 정도의 돈이면 아등바등하지 않고 존엄성을 지키면서 살 수 있습니다. 이웃에게 밥도 사주고 말이죠. 그러한 면에서 저는 현금 형태의 기본소득 방식의 수당이 반드시 필요하다고 생각합니다.

박병상 저는 행복하기 위해 대학에 가지 않아도 되는 세상이 되면 좋겠다고 생각합니다. 행복하기 위해 대학뿐 아니라 대학원, 그 이상의 교육을 받는 것도 좋겠지만, 행복해지기 위해 반드시 대학에 가야 하는 건 아니었으면 좋겠습니다. 김연아 선수가 고려대학교를 나왔기 때문에 스케이트를 잘 타는 것이 아니듯, 정말 자신이 하고 싶은 일을 스스로 찾아서 할 수 있도록, 자신이 원하는 삶을 보장받을 수 있도록, 기본적인 것이 지원되어야 한다는 생각입니다.

박진도 행복에 대해서 조금 더 말씀드리면, 사람을 행복하게 만드는 것은 참 어렵지만, 사람의 불행을 제거해 주는 것은 가능합니다. 이것이 행복 정책의 기본입니다. 무슨 이야기냐 하면, 꼭 대학에 가지 않아도 됩니다. 대학은 전혀 문제가 되지 않습니다. 그런데 내가 공부도 잘하고 대학에 가고 싶은데 돈이 없어서 대학에 가지 못한다면, 이것은 사람을 불행하게 만들잖아요. 이러한 불행 요인을 제거해 주는 것이 행복 정책의 기본 방향이라고 생각합니다.

박병상 예전에 읽은 책인데요, 《선이골 외딴집 일곱 식구 이야기》입니다. 혹시 들어보셨는지요? 아버지는 철학 박사이고 어머니는 약사입니다. 자녀가 다섯인데, 아무도 학교 교육을 받지 않았습니다. 그런데 약사인 어머니가 간단한 질병이건만, 치료받지 않고 세상을 떠났습니다. 당시 우리나라를 대표한다고 자처하는 신문, 활용 가치가 계란판에 불과하다고 비판받는 어떤 신문이 사설을 썼는데, 내용이 고약했습니다. "교육받은 부모가 아이들을 그 모양으로 키웠느냐."고 비난했어요. 그런데 그 신문은 아이들에게 행복한지, 묻지 않았습니다. 아이들은 정말로 행복했거든요. 행복이라는 기준을 우리가 정하지 말자고 저는 생각합니다. 스스로 정할 수 있게 배려해주고, 그들의 행복 기준을 우리가 이해하자는 겁니다. 우리의 고민이 필요하겠지만요. 기본소득을 복지 차원에서 접근하는 것에 대한 제 약간의 아쉬움 같은 것입니다. 복지가 가치가 없다는 뜻은 아니고, 복지보다 더 큰 가치가 기본소득에 있다고 생각하기 때문입니다.

강남훈 예, 기본소득은 우리에게 '공유부'라는 개념이 존재하며, 공유부로부터 발생하는 수익을 누구나 균등하게 나누어 가질 권리가 있다는 생각에서 출발합니다. 가령 토지 같은 것이 그러한 공유부에 해당합니다. 그리고 지구와 환경도 마찬가지입니다. 우리는 막대한 공유부를 가지고 있음에도 불구하고 공유부에서 나오는 수익을 소수가 독점하고 있습니다. 토지가 그렇잖아요. 토지로부터 나오는 수익은 서울, 수도권, 강남의 소수 사람이 독점하죠. 공유부를 아무 대가도 지불하지 않고 함부로 남용하는 경우도 있습니다. 탄소 배출이 그러한 예인데, 공유부 자체를 사라지게 만드는 잘못된 행위들이 벌어지고 있습니다. 충분한 금액을 지급하는 기본소득을 위해, 세금을 더 내자는 국민적 합의가 이루어지기 전이라도, 공유부의 수익을 독점하는 현상을 교정하고 공유부(지구, 공기)를 남용하는 독선을 막아야 합니다. 그러한 '교정 과세'에 기초한 기본소득은 적은 금액이라도 엄청난 가치가 있다고 생각합니다. 교정 과세 목적의 증세는 과세하지 않으면 불행해지고, 불평등이 커지고, 지구가 망하기 때문에, 어차피 시행해야 할 것입니다. 그 재원을 기본소득으로 나누자는 것이 도입 단계의 기본소득 접근 방식이라고 할 수 있습니다. 충분한 금액의 기본소득으로 나아가기 전 단계로 말입니다.

그렇다면 도입 단계의 기본소득이란 무엇인가? 예컨대 스위스에서 연간 10만 원 정도의 탄소 기본소득을 지급하고 있습니다. 탄소세를 일부 난방에 부과하는데, 지금 좀 더 확대하려고 탄소 배출량의 약 35%에 대해 탄소세를 부과하고 있어요. 그런데 스위스는 현명하게도, 그것을 '기본소득'으로 명명하지 않아요. 일부러 논란을 피한 겁니다. 명칭이 다소 모호하지만, 실질적으로 기본소득입니다. 3개월 이상 거주한 모든 주민과 외국인에게 1년에 약 10만 원 정도를 현재 지급하고 있으니까요. 얼마 안 되는 돈이지만, '탄소 기본소득'을 지급함으로써 스위스가 얻은 효과는 큽니다. 스위스는 스웨덴보다 늦게 탄소세를 도입했지만, 훨씬 낮은 세율로 시작하여 그동안 탄소 세율을 8배 인상했습니다. 그런데도 국민은 계속 동의하고 있습니다. 왜냐하면 탄소세 수입이 늘면서 '탄소 배당'도 더불어 늘기 때문입니다. 난방유 사용량은 20% 줄었습니다. 국민, 특히 소득 하위 약 60%는 받는 금액이 내는 돈보다 많아졌어요. 긍정적인 구조를 가진 것이죠.

캐나다는 탄소세 수입의 90%를 기본소득 형태로 나누어주도록 연방법을 제정했습니다. 세계적으로 기본소득 논의는 이제 이처럼 '교정 과세'에 기초한 목적을 갖는 경우가 많습니다. 캐나다는 아마 도입 단계부터 탄소세를 높게 부과할 계획인 모양입니다. 내년에 40CA$(캐나다 달러)를 부과하고, 다음 해에 50CA$, 2030년에 170CA$를 부과하려는 계획을 세웠다고 해요. 우리 돈으로 4만 원 정도로 시작해서 이듬해에 5만 원, 2030년에 16만 원까지 올리는 겁니다. 나름 어마어마해요. 이것이 기본소득으로 나누어주는 전략입니다.

탄소세 수입을 국민에게 나누어주지 않으면 어떻게 될까요? 탄소세만 올리고 수입을 에너지 전환에 투자하면, 에너지 전환 속도는 두 배로 빨라질 것입니다. 하지만 문제가 있어요. 사람들의 실질 소득이 감소한다는 것입니다. 탄소세는 모든 물가를 끌어올리는 효과가 있기 때문입니다. 프랑스가 그런 시도를 했다가 '노란 조끼 시위'에 직면했고, 탄소세 인상 계획을 철회했습니다. 다시 말하면, 탄소세를 에너지 전환에 직접 사용하면 전환이 빨라질 수 있지만, 탄소 세율 자체를 높이지 못하는 한계가 발생합니다. 반면 스위스는 8배나 세율을 올릴 수 있었으니, 장기적으로 볼 때, 에너지 전환에 훨씬 가까이 다가가는 것입니다. 바로 그렇게 '교정 과세'에 기초한 기본소득 전략으로 먼저 시작하는 것이 중요합니다. 이는 경제적 효과(또는 환경적 효과)에서 긍정적인 효과가 크다고 볼 수 있습니다.

부동산, 즉 토지세도 마찬가지입니다. 지금 토지 불평등이 극심한데요. 그런데 정부가 토지 보유세를 보편적으로 올리지 못했습니다. 종부세를 1~2%만 올리려 해도 반발이 심했습니다. 하지만 부동산 투기는 30~40%씩 수익을 올리는데, 세금은 2%만 부과해서 투기를 막지 못합니다. 보편적인 보유세를 부과한다면 부동산 가격은 안정되었을 것입니다. 보편적 보유세 도입을 빼놓고 25가지가 넘는 대책을 내놓다, 결국 지금의 위기를 맞이한 것입니다. 토지 보유세를 부과하지 못하는 이유는 간단합니다. 토지를 가진 사람이 전체 인구의 약 60%입니다. 그 사람들이 세금 인상에 반발하여 표를 주지 않으면 지지율이 떨어지기 때문인데, 이에 대한 기본소득 전략은 간단합니다. 토지세를 걷어서 모든 국민에게 나누어주면, 약 90%의 국민은 세금보다 받는 금액이 많아집니다. 그러면 세금 인상에 대해 그렇게 저항하지 않으리라고 예상할 수 있잖아요. 정치인들이 토지세 부과를 공약으로 내세울 수 있을 것입니다.

기본소득 전략으로 토지세를 부과하면, 비록 푼돈처럼 보일 수 있지만(적정한 수준으로 부과했을 때 약 30조 원 규모가 될 것으로 봅니다. 우리나라 토지 가격 총액이 약 7천조 원 정도 되는데, 0.5%를 부과하면 35조 원 정도 됩니다. 대략 30조 원이라고 본다면), 오천만 국민에게 나누어주면 한 달에 약 5만 원 정도도 돌아갑니다. 얼마 안 되는 금액이라 껌값 또는 용돈이라고 말할 수 있지만, 토지세 기본소득은 사실 어마어마한 정책입니다. 왜냐하면 0.5% 세율로 부과했을 때, 매년 30조 원의 토지세가 납부됩니다. 이것이 부동산 시장에 미치는 효과를 보자고요. 가령 7천조 원 상당의 부동산을 가진 사람에 은행 빚이 있다면 이자를 내야 합니다. 그런데 생각해봐요. 토지세를 매년 30조 원을 낸다면, 은행 빚이 600조 원에서 700조 원 있는 것과 마찬가지입니다. 부동산 가격이 600조 원에서 700조 원 정도 떨어진다는 의미가 되잖아요. 이는 집 없는 사람에게 600조 원 상당의 주거 보조금을 뿌려주는 효과와 같습니다.

기본소득은 이렇게 토지세와 토지 기본소득이 결합한 정책이며, 어마어마한 효과를 가집니다. 단순히 나누어 주는 금액만 따지면 적어 보이지만, 토지세를 부과할 수 있게 된다는 측면에서 보면, 우리나라 예산보다 훨씬 큰 규모의 효과를 낼 수 있습니다. 그만큼 주거 보조금 효과가 있는 정책입니다. 따라서 당장 그러한 정책을 단계적으로 시작하고, 그래서 국민에게 기본소득을 일단 경험하게 하는 정책이 중요합니다.

홍미영 제가 말씀 들으면서 느낀 것은, 기본소득이 단순히 복지의 확대 차원을 넘어서는 일이 될 수 있다는 내용입니다. 우리가 함께 공유해야 할 공유부를 특정 소수가 부를 독점하는 데 사용하거나, 기후위기를 발생시킬 만큼 남용했던 문제를 해결하는 시스템의 하나로 작용할 수 있다는 말씀으로 이해합니다. 국제 기준에 맞춰 탄소 배출을 줄이는 방법으로 탄소세를 내게 하고, 그 세금을 기본소득으로 돌린다면, 탄소세를 재원으로 활용할 수 있다는 내용에 마음이 갑니다. 토지나 건물로 일방적으로 챙기던 이익을 세금으로 환수하면, 기본소득뿐 아니라 주거 안정에 기여할 수 있다는 말씀이 귀에 닿았습니다. 기본소득은 복지의 문제가 아니라, 시대가 안고 있는 문제들을 해소할 수 있다는 말씀으로 들렸습니다. 푼돈이니, 누구에게 더 주니 아니니 하는 문제가 아니라는 사실을 이해합니다.

구청장 경험을 기억하면, "왜 나한테 돈을 주다가 안 줘?" 하며 찾아오신 할머니를 일일이 대응하는 일, 복지 급여를 위해 소득과 건물 유무를 조사하고 금액을 계산해서 입력하는 사회복지 담당자의 일에 어려움이 있었습니다. 서류 작업과 계산에 매달려야 했죠. 그 때문에 사기가 저하되었던 공무원들, 그리고 작은 수당이라도 받으려고 찾아오는 분의 문제를 해결할 방법이 기본소득이라고 생각합니다. 기본소득이 정착되면 공무원도 존중받는 행정에 임할 수 있고, 어려운 사람도 자신의 권리를 보장받을 겁니다.

논의가 탑다운(Top-down) 방식이 아니라 아래에서 의견이 모으면서 이해되어야 한다는 점이 중요합니다. 동네 엄마들에게 기본소득을 이야기하면 "그럴듯하긴 한데…"하며 끝을 흐리다, 다른 이야기를 들으면 "이해가 안 되는 부분도 있고…"하며 속 시원한 설명을 원하는 같습니다. 5년 전부터 사업하는 분, 음식점 하시는 분이 제게 "구청장님은 기본소득에 대해 어떻게 생각하세요?" 하며 물었는데, 충분한 대답을 드리지 못했어요. 이제는 아래로부터 많은 의견이 수렴되어 사회를 따뜻하게 만들고, 행복하게 만드는 길로 이어졌으면 좋겠습니다.

박병상 우리나라는 무역에 상당 부분 의존하는데, 기본소득 제도가 도입되었을 때, 수출입 대금은 어떻게 결제해야 하는 걸까요? 기본소득과 해외 무역대금을 어떻게 연관시킬 수 있을까요? 국제 기본소득 같은 논의가 가능할까요?

강남훈 '탄소 국경세(Carbon Border Adjustment Mechanism)'라는 것이 있는데, 유럽연합이 탄소세를 부과하면, 그보다 낮은 수준의 탄소세를 부과하는 나라의 제품을 수입할 때,

차액에 해당하는 탄소 관세를 매기자는 제안이 가능합니다. 그리고 유럽연합 차원에서 1년에 100달러 정도의 기본소득을 EU 가입국 전체에 지급하자는 논의가 있습니다. 탄소세도 국제세로 부과할 수 있습니다. UN에서 합의가 이루어진다면 글로벌 세금으로 부과할 수 있고, 그 수입을 '지구 기본소득' 형태로 나눈다면 아프리카에 나라들은 소득이 상당히 늘어나는 효과를 볼 수 있을 것입니다. 글로벌 기본소득이라는 것은 글로벌 과세가 전제되어야 합니다. 우리나라의 기본소득도 마찬가지로 과세가 전제되어야 하지 않습니까? 논의가 더 필요한 부분입니다.

박병상 쿠바는 두 가지 화폐를 쓰더군요. 내국인과 외국인이 쓰는 화폐가 달랐습니다. 내국인의 기본적인 삶은 정부가 제공하지만, 좀 고급스러운 물건을 사고 싶어 하는 사람도 있지 않습니까? 그들은 외국인이 쓰는 화폐를 사용해야 하더라고요. 그러니까 더 열심히 일해서 외국인이 쓰는 '전환 화폐'를 벌어야 삼성 모니터 같은 물건을 살 수 있더라고요. 쿠바를 보면서 두 가지 돈으로 무역을 관리하면 어떨까? 생각해 본 적이 있습니다. 기본소득을 논의하면서 해외 의존 없이 살 수 없는 국가인 우리는 기본소득 제도와 해외 무역을 어떻게 조화를 이룰 것인지 고민한 거죠.

박진도 그 부분은 논의를 해봐야 할 것 같고요. 생각이 다른 점도, 같은 점도 있습니다만, 어쨌든 논의를 계속해서 선거에서 후보들이 좋은 정책을 내놓도록 하는 것이 중요하다고 생각합니다. 우리끼리 제한된 범위 내에서 논의가 이루어지면 일반 국민에게 잘 전달이 되지 않아요. 또한 국민에게 너무 어려운 이야기입니다. 기본소득의 강점을 설명하려다 보면 이야기가 많아져서 표를 얻기 어려워지는 점이 있어요. 알아듣기 쉬운 말로, 정책 효과가 분명하게 드러나는 방식으로 설명하는 것이 필요합니다. 다시 강조합니다만, '농어촌 주민 수당', 특히 지역 주민 모두에 지급하는 정책을 예로 들 수 있습니다. 이것을 지급하면 농촌 지역이 살아날 수 있고, 농촌 지역이 살면 인근 도시가 살고, 인근 도시가 살면 대한민국 경제 전체도 좋아진다고 저는 이야기합니다. 그러면 '기본소득'이 무엇인지 잘 모르더라도, "아, 농촌에 살면 나라에서 내 삶을 챙겨준다는 이야기구나."하고 이해할 수 있습니다. 농촌 주민 수당은 재원을 충분히 마련할 수 있습니다. 증세하지 않고도 마련될 수 있습니다. 그런데 어쨌든 제가 "여러분에게 매달 30만 원씩 나누어드리겠습니다." 하고 말하면, 면 지역 450만 명이 어렵지 않게 동의할 것입니다. 그렇지 않습니까? 다른 방법이 없다는 것을 모든 사람이 아주 잘 알고 있습니다. 자기가 살아갈 방법이 없다는 것을 잘 알고 있으니까, 그런 쉬운 방식으로 이야기해야 한다고 봅니다.

박병상 그래서 기본소득 금액을 더 늘리면, 도시인 중에 농사짓고 싶어 하는 청년이 있을 수 있을 겁니다. 도시 과밀 문제도 완화되고 시골은 풍요로워질 수 있습니다. 많은 이야기가 어느 정도 공유된 것 같고요, 마무리하면서, 제가 가진 이상을 말씀드리고 싶습니다. 저는 몽상가이니까요. 간디는 '인도가 70만 개의 마을로 이루어진 국가'를 희망했습니다. 일본의 협동조합 선구자는 'FEC 자급권'을 이야기했습니다. 여기서 F는 Food(식량), E는 Energy(에너지), C는 Care(돌봄)를 의미합니다. 이러한 것들을 마을 단위에서 자급하자는 것입니다. 도시는 불가능한 이야기로 들리겠지만, 목표를 향해 노력할 수 있을 것입니다. 또한 기본소득과 연결될 수 있지 않을까? 하고 고민합니다.

마을 단위에서 대안 화폐에 대한 이야기도 계속 진행될

수 있을 것 같고, 돈이 없는 농촌을 위한 대안 화폐를 고민하는 사람도 있습니다. 기본소득이 공동체를 보호하는 장치로, 생존에 기여할 수 있지 않을까? 적어도 우리 미래세대가 지금처럼 힘겹게 살지는 않도록 해줄 수 있지 않을까? 하는 고민입니다. 기후위기 상황을 염두에 두면서 그러한 고민을 합니다. 기본소득, 마을, 생존, 기후위기, 이런 걸 아우르며 대안이 되는 것이 무엇일까? 이런 고민을 계속합니다.

박진도 제가 재원 마련 방안에 대해 세세하게 연구하는데, 나중에 구체적으로 설명할 기회가 있을 겁니다. 간단히 말씀드리자면, 농촌에 관심 가진 분은 알겠지만, '지역 개발' 명분으로 엄청난 예산이 사용되고 있습니다. 명칭도 매우 다양합니다. 때로 '농촌 마을 종합 개발 사업'이라 불리고, 때로 '읍면 소재지 중심 활성화 사업'이라고 하며, '문화 생태 관광 단지 사업' 등, 실로 엄청난 사업들이 진행되고 있습니다. 그런데 '농촌 개발'이라는 이름으로 이루어지는 사업들이 오히려 농촌 파괴에 가깝습니다. 주민들의 불만이 상당합니다. 투입 예산이 어느 정도인지 한 사례를 들어보겠습니다. 인구 2천 명 규모의 면에 최근 4년간 투입된 약 400억 원이 투입되었습니다. 오로지

개발 사업비 명목입니다. 인구 2천 명인 면에서 한 명씩 매월 30만 원씩 지급하면, 연간 72억 원이잖아요. 400억 원이라면 5년 이상 매월 30만 원씩 모든 주민에게 나누어줄 수 있어요. 이런 이야기를 주민에게 하면 모두 박수하고 환영할 것입니다.

개발 사업이 이루어지면 땅값이 오르면서 주민의 삶이 더 힘들어지는 경우가 많아요. 땅을 소유한 지역 유지들은 사업을 유치하여 땅값이 올라서 좋을지 모르겠지만, 동네 주민은 아무런 혜택도 받지 못하니까, 오히려 상황이 나빠집니다. 농촌에 쓸데없이 만드는 도로가 얼마나 많습니까? 차량 통행량도 적은 4차선 도로 옆에 고속도로가 건설되기도 합니다. 이러한 예산 낭비는 없어져야 합니다. 예를 들어 관광 활성화를 명목으로 흑산도에 공항을 건설하려는 것 같은 사업은 중단해야 합니다. 예산 낭비를 막은 돈으로 농촌 주민에게 매월 30만 원을 지급하는 일은 어렵지 않다고 생각합니다. 예산을 더 달라는 이야기가 아니라, 잘못 사용하는 예산을 모아서 주민에게 나누자는 것입니다. 50%는 지역화폐로 주어서 시골에서 사용하게 할 수 있어요. 시골에서 지역화폐를 사용한다면 면 소재지 상점에서 쓰겠죠. 읍 지역 주민에게 혜택으로 돌아가는 겁니다.

지역 화폐가 하나의 방안이 될 수 있습니다. 다만 100%를 지역화폐로 지급하기는 어렵습니다. 50%만 지역화폐로 지급하더라도 그 돈이 지역 내에서 소비되면서 동네 경제가 활성화될 것입니다. 그렇게 돈이 돌면 병원도 생길 수 있습니다. 지금은 돈이 돌지 않아서 병원이 들어서지 않잖아요. 보건지소를 만들어도 간호사도 오려고 하지 않습니다. 돈이 돌지 않아 생기는 현상이에요. 농민에게 펜션 같은 시설을 지어주고 그걸 운영해서 돈을 벌라고 요구하는 것은 농촌에 짐을 지우는 행위입니다. 한 가지 더 말씀드리자면, 어떤 지역에 29개의 관광시설과 관광 타워 같은 것을 만들었는데, 제대로 운영되는 시설은 단 한 곳밖에 없습니다. 나머지는 운영비조차 감당이 안 되어 골칫덩어리가 되었습니다. 그래서 이장을 맡으려는 사람이 없을 정도입니다. 시설 운영을 책임져야 하기 때문입니다. 농촌의 예산 낭비부터 정리하겠다고 나서는 후보라면 "지금과 같은 방식의 지역 개발은 안 됩니다." 하고 말해야 합니다.

오늘의 주제가 기후변화이니, 그 말씀을 드리고 마무리할까 합니다. 저는 코로나19는 정말 위대한 스승이라고 생각합니다. 코로나19만큼 현재 우리의 문명과 시스템에 대해 이렇게 정확하게 문제 제기하고, 그 심각성을 모든 사람이 느끼게 한 사건이 또 있을까요? OECD가 발표한 '코로나 이후의 회복'에 대한 보고서는 코로나19보다 기후변화나 생물 다양성 파괴가 우리에게 훨씬 더 큰 재앙을 가져올 것으로 경고하고 있습니다. 우리가 준비해야 한다는 내용을 담았습니다.

기후변화에 대해 탄소 중립을 많이 이야기하지 않습니까? 많은 사람이 공감해도 실천을 못 하는데, 우리나라야말로 나쁜 영향이 큽니다. 식량 자급률이 낮잖아요. 우리는 먹는 음식을 전 세계에서 수입하는데, 음식을 생산하는 나라도 탄소를 엄청나게 배출합니다. 생산 과정에 상당한 화석연료를 동원해야 하기 때문이에요. 비료, 농약, 농기계, 각종 시설, 말할 것도 없이 화석연료에 의존합니다. 대한민국이 해결해야 할 과제 중의 중요한 하나는 국민을 위해서라도 식량 자급률을 높여 식량 안보를 확보하는 것입니다. 단순한 식량 안보가 아니라, 환경을 파괴하거나 온실가스를 배출하는 농업이 아닌 정말 친환경적인 농업을 통해 식량 자급률을 높여가는 것이 기후 변화 시대에 우리가 해야 할 가장 중요한 과제 중 하나라고 말씀드리고 싶습니다.

박병상 아까 이야기한 'FEC 자급권'에 대한 생각을 박진도 대표 말씀 듣고서 더 명확하게 하게 되었습니다. 감사합니다. 옆집에 누가 사는지 모르는 아파트에서 기본소득은 이웃을 어울리도록 도울 수 있겠다 생각합니다. 요양원에 노인을 보낸 뒤에 어떻게 지내는지 관심 두기 어렵습니다. 기본소득이 생기면 달라지지 않을까요? 마을에서 보살필 수 있는 방법을 찾지 않을까요? 서울 성미산 공동체에서 이러한 시도를 하고 있듯, 기본소득을 받는 마을에서 'FEC 자급권'을 모색한다면 그러한 것들도 가능할 수 있지 않을까 생각합니다. 'FEC 자급권'처럼 기본소득으로 마을에서 해결하고 싶은 마음은 커도 당장 현실이 되기는 어렵지만 가능성을 찾아서 지혜를 모으면 좋겠습니다.

박진도 그렇습니다. 제 농촌 주민 수당 이야기도 비슷합니다. 농촌 주민 수당이 지급되어 농촌이 안정되면 식량 문제도 상당히 해결될 겁니다. 농촌은 에너지 생산 잠재력이 매우 높은 지역입니다. 농촌에서 에너지를 생산할 가능성도 열리죠. 현재 농촌에 노인들이 무척 많지 않습니까? 노인들을 누가 돌볼 것인가 하는 문제도 있어요. 마을 안에서, 공동체가 돌보아야 합니다. 이러한 돌봄 서비스가 이루어지기 위해서 어느 수준의 주민 수당이 도움이 됩니다. 주민 수당은 토대를 만들 것으로 생각합니다.

박병상 논의들이 더욱 활발하게 이루어지면 좋겠습니다. 오늘 논의를 통해 희망을 본 것 같고, 앞으로 논의할 거리도 많이 찾은 것 같습니다. 정치하는 분들이 관심을 가질 만한 내용도 우리가 제공해 준 것 같아 좀 뿌듯해졌습니다. 이제 더 큰 확신으로 기본소득 운동에 나설 수 있을 것 같습니다.

강남훈 좋은 말씀 잘 들었습니다. 저는 국민 기본소득 외에 이름은 어떻게 부르든 상관없이, 농촌 기본소득 같은 형태로 추가적인 지급이 필요하다는 원칙에 동의합니다. 다만 구체적인 금액이 얼마가 될지 들은 계속 논의하는 중입니다. 박진도 선생께서 쓸데없는 농촌예산을 정리하면 농민 기본소득을 지급할 수 있다고 말씀하셨는데, 낭비되는 농촌예산이 많다는 점, 그 예산으로 농촌을 직접 지원할 수 있다는 말씀을 이해했습니다. 또한 액수도 상당하다는 말씀을 보고 좀 놀랐습니다. 어쨌든 저는 기본소득을 매개로 오랫동안 운동을 해왔기 때문에, 기본소득을 중심으로 여러 분야의 아이디어들을 모아서 더욱 좋은 정책을 만들 수 있도록 계속 노력하겠습니다.

홍미영 우리가 이야기를 시작한 지 1시간 반이 지났습니다. 구독자와 시청자들이 들어왔다 나갔던데, 댓글에 박진도 대표를 반가워하는 분의 인사가 있고, 강남훈 교수께 고맙다는 인사의 글도 있네요. 처음 시작할 때, 많은 주제를 어떻게 다 풀어낼까 내심 걱정했는데, 충분히 스케치하고 밑그림을 채워서, '새로운 일상을 여는 사람들'이 앞으로 무슨 일을 어떻게 해야 할지 구상하는 데에 도움이 컸고, 기본소득 토론에 대해 가졌던 부담이 많이 해소된 것 같습니다. 박진도 대표께서 '대통령 직속 농업 농어촌 특별위원회' 위원장을 얼마 전까지 역임하셔서 그런지, 생생한 현장 말씀을 주셨습니다. 강남훈 교수는 영국에서 시작해 유럽 네트워크와 연결된 기본소득을 한국의 기본소득으로 정책화하는데 역할을 해오셨습니다. 박병상 대표는 간디 말씀을 내놓으며 기본소득이 여러 사회 문제를 해결하는 데 이바지할 수 있다는 거, 그중 공동체와 마을을 살리는 방법이 될 수 있다는 제안을 해주셨어요. 소중하게 담을 이야기입니다.

다음에 다루고 싶은 소재는 여성 관점의 기본소득입니다. 기본소득이 여성에게 어떤 영향을 줄 수 있는지요? 여성이 맡아온 돌봄이나 가사 노동을 이제껏 무임금 노동으로 여겼는데, 기본소득을 개인에 지급한다면 여성에 어떤 변화가 생길까요? 자존감을 부여하고, 가부장적인 문화에 어떤 변화를 가져오지 않을까요? 논의가 필요합니다. 코로나19가 위대한 스승이라고 이야기했지만, 현재 우리가 많은 어려움을 겪고 있다는 것을 의미합니다. 이러한 위기를 통해 현 시스템을 변화시킬 수 있는 중요한 계기가 다가왔다고 이해한다면, 이 시간 이후 우리가 나아갈 길을 가다듬고 많은 시민과 더불어 갈 것으로 생각합니다. 오늘 두 분 정말 감사합니다.

2

농촌과 농민, 그리고 기본소득

홍미영 오늘은 기본소득 얘기를 위해 농민운동 하는 농민을 모셨습니다. 돈벌이가 아니라 농촌의 가치를 이야기하실 분입니다. 강화와 경기도 양수리에서 현장 활동하시는 조원정 목사이자, 농민, 그리고 활동가입니다. 박병상 대표도 나와 주셨어요. 조 목사께서 농민 활동을 어떻게 해오셨는지, 말씀을 청해볼까요?

조언정 예. 청년 때 '감리교청년감청'이라고 했죠. 활동하면서 농업 문제에 관심 기울이다, 85년도 강원도 영월에서 처음 농촌 목회를 시작했어요. 그 무렵 목회자들하고 농촌목회자회를 조직하고 농민 활동으로 이어왔죠. 영월군

GUEST **조언정** 전)강화 남산교회 담임목사

에 농민회가 없을 때, 6년 동안 우리 농축산물 먹기 운동을 시작할 수 있었어요. 당시 '우루과이 라운드'가 제기되었고 그 반대운동의 일환으로 우리 농축산물 먹기 운동을 펼쳤습니다. 소비자 조합의 생협 활동이었죠. 여성 민우회와 생협과 운동에 돌입한 겁니다. 먹을거리 운동은 슬로우푸드 운동으로 이어졌고, 경기도에서 처음으로 아세아 오세아니아와 오스트레일리아가 모이는 '아구스티스 세계 대회'를 열었어요. 남양주에서 개최했죠.

홍미영 예. 저도 바로 농업의 중요성과 농민의 '삶의 질'에 주목하게 되었습니다. 기본소득을 소리 높여 주장하는 분의 말씀을 많이 들었지요. 오늘은 그러한 대화로 이야기를 풀어가려고 하는데, 박 대표가 그런 점에서 질문이나 대화를 시작하면 어떨까요?

박병상 생물학을 전공한 저는 요즘 미래세대 얘기를 많이 하는데요. 제 시각에서 연구자들이 유전자를 조작하는 짓을 왜 하는지, 궁금할 때가 많았어요. 생물학으로 돈벌이에 나서는구나, 생물을 파괴하며 돈벌이에 몰두하는 태도에 분노가 일어요. 목사님도 비슷할 거 같아요. 자연을 지키는 청지기하자고 공부했는데, 주변을 보면 청지기의 삶은 아니잖아요. 그럴수록 농촌으로 달려가시게 된 게

농어촌 기본소득에 대한 요구는 오래전부터 있었다.

아닌가 생각하게 되거든요.

무수한 생물을 바라보지 못하는 눈으로 생산한 농산물이 누구를 살찌게 할까요? 곧 임인년(壬寅年)이 될 텐데, 상징하는 게 있습니다. 민속학에서 생각할 거리로 볼 수 있는데, "생태학의 저주"를 생각했으면 해요. 우리 산하는 호랑이가 살 수 있었어요. 그만큼 안정적 생태계를 가졌는데, 이제 아닙니다. 일제의 자본이 고의로 몰살시켰어요. 이후 우리 산하는 이 모양인데, 한술 더 뜹니다. 망가진 산하에서 농민도 농사에 자긍심을 갖지 못하거든요. 하지만 그럴수록 알토란같이 심지를 지키고 있는 분들이 있습니다.

농업은 어렵습니다. 봄이 되면 농촌에 비료들이 농사짓기 전부터 잔뜩 쌓입니다. 원치도 않아도 소용없어요. 뿌리지 않으면 생산량이 줄어들 테고, 농협에서 빌린 자금을 갚지 못하거든요. 물론 모든 농민이 그런 건 아니겠지만, 농민과 농촌 현실이 어두운 게 사실입니다. 우리가 어떻게든 돕고 싶은데, 현장에 없으니 파악하기 어렵습니다. 무엇이 시급한지 잘 몰라요. 현장에 계시니까 말씀해주시면 방법을 찾을 수 있을 것입니다.

홍미영 우리가 영상을 이어가면서 봤던 분들, 지역에서 최선을 다하는데, 저는 농촌에서 정신 운동까지 펼치는 분이 무척 소중하다고 생각해요. 그런 분들의 힘을 잃지 않게 해주는 것, 그것이 '기본소득'이라고 생각하는데, 기본소득이 제공되면 농촌이 어떻게 바뀔지, 사실 이게 궁금해요.

조연정 딱딱하지만, 농업에 대한 기본소득을 원론적으로 말씀드립니다. 농민 기본소득을 언론은 섣부르게 이해합니다. 말이 마차를 끌어야 하는데 마차가 앞서 있다는 식으로 이해하거든요. 저는 사회적경제 측면의 이해가 필요하다고 봐요. 기본소득은 2가지 측면으로 살펴야 합니다. 하나는 윤리적 관점이고 나머지는 기술적 관점이란 말이죠.

윤리적 관점은 가치적 정당성이고 두 번째는 현실성입니다. 목사인 저는 아무래도 윤리적 부분에 관심을 기울입니다. 농민에게 '기본소득'은 어려워요. 해서 국민 모두에게 골고루 같은 돈을 나누어 주는 거로 말하기보다 옛날얘기로 비유합니다. "자기 먹을 거 갖고 태어난다."라는 말입니다. 그게 하나님의 뜻이라는 저죠. 돈이 일부에 독점되고 불평등하게 나누다 보니 지금 문제가 있다는 걸 이야기해요.

기본소득을 어떻게 정당하게 나눌 것인가? 기본소득을 주장하는 저는 자본주의적인 우파와 좌파를 따지기보다, 국민의 권리 차원의 기본소득을 주장합니다. 시장 논리로, 생산은 넘치는데 유통이나 여러 원인으로 소비가 안 되니 기본소득을 주어 상품을 소비하게 해야 기업이 유지된다, 이런 논리도 있습니다. 그런 이유로 기본소득이 제공된다면 우리는 개화된 돼지로 취급될 수도 있어요. 국민 스스로 기본소득을 만들 때, 정정당당한 권리로 받아야 합니다. 그런 기본소득입니다.

농업 차원으로 이야기할까요? 여러 가지를 들여다볼 수 있지만, 식량을 봅시다. 식량은 일반 상품하고는 상당히 달라요. 한꺼번에 출하되거든요. 딸기처럼 시설에서 재배하는 채소상품은 달라졌지만, 전통적인 농산물은 가을에 한꺼번에 나온단 말이죠. 그러니까 그러니, 값도 제대로 인정되지 않죠. 공산품과 다릅니다. 세계 어떤 나라든, 농업은 농민이 책임지지 않습니다. 수레바퀴의 두 바퀴에 비유한다면, 하나가 농민이라면 다른 하나는 정부입니다. 그런 인식을 명확하게 하는 국가가 선진국일 겁니다. 유럽이 그렇습니다. 농업의 특성을 간과하고 눈앞의 소득을 보고 기본소득을 생각하면 놓치는 게 있습니다. 농업의 본질적인 문제들을 잊고 말아요.

홍미영 기본소득이 권리로서, 농민이 가져야 할 가치관을 지키는 차원으로 마땅히 제공되어야 할 텐데, 그런 주장은 거의 들리지 않고 반영되지 않는데, 우리 이야기를 정부 또는 정치 지도자가 귀담아들을까요? 이제라도 국민이 충분히 이해하고 논의를 이어가면서 구체적인 정책과 실천이 이어져야 한다고 봅니다. 그렇기에 농민 기본소득이 오늘의 주제가 된 것입니다.

윤리적 부분은 두말할 것도 없지만, 놓치기 쉬운 사실, 현재 기후위기 상황이라는 것, 그리고 농업 가치가 대량생산을 위한 기업이나 기업농으로 위축되는 현실을 엄중하게 인식해야 한다는 점입니다. 코로나 상황에서 국민은 생각합니다. 나라는 부자인데 국민은 가난해요. 이런 상황에서 농민의 삶은 어떤지 궁금합니다. 우리 유튜브를 시청하는 분의 대부분은 도시민입니다. 우리 이야기를 이해하더라도 현장이 궁금하거든요. 지금 겨울입니다. 제철 농업을 하기 어려운 휴지기일 텐데, 농민들 삶이 어떤가요?

조언정 그동안 농민운동에서 구조와 가격 문제가 가장 컸어요. 농산물 가격이 중요하지만, 다른 접근을 하자면, 농촌이 뭔지, 농업이 뭔지를 질문하면서 농민에게 합당한 대우를 해줘야 한다는 측면으로 접근해야 합니다. 지금 '농민수당'을 전국 농민의 70%가 지원받아요. 근데 그거는 지자체 중심이에요.

농민이 올해 어떤 농사지어야 하는지, 뭐를 심어야 돈이 되는지, 알아서 찾아야 합니다. 그러다 궁지에 몰리기도 하죠. 배추를 심고 하루나 이틀 지나면, 농민에게 얘기합니다. 약 치라고. 그래야 수확하고 수익이 보존되니까. 농민이 지방정부에 종속되는 것인데, 기본소득을 제공하면 그런 농사를 거부할 수 있죠. 농민도 편안하게, 농민 마음으로 먹을 상품을 생산하는 데에서 그치는 게 아니라, 더불어 먹을 양식을 생산하는 농민이라는 자부심이 생기는 거죠.

홍미영 많은 사람은 농민 기본소득을 농민에게 주어지는 것으로 단순히 생각할 수 없다는 것이로군요.

조언정 맞아요. 그렇게 되어야 농민이 건강한 먹을거리 마음 놓고 생산할 수 있겠죠. 국민이 안전하게 먹을 먹거리를 생산하는 거죠. 기후와 환경에 좌지우지되는 게 아니라 그보다 높은 가치의 농사, 예전 농촌의 아름다운 풍경을 보전할 수 있다는 겁니다. 농촌을 가면 도시 사람도 느끼겠죠. 삶의 원초적인 모습으로 돌아가고, 땅에서 휴식을 하는 경험형 농촌이 되겠죠. 농업을 떠나, 농민 기본소득을 통해 사람의 마음이 따뜻해질 겁니다.

박병상 한창 바쁠 때 농촌에 간 적이 있어요. 생태를 조사하던 저는 사방을 두리번거리며 농로를 차로 가로막고 질문하려고 농민에 다가갔는데, 화를 내더군요. 농기계를 바삐 움직여야 하는데, 방해되잖아요. 미안하면서 여유로운 농심을 느끼지 못해 아쉽더라고요. 농민 기본소득이 제공되면 달라질 겁니다. 농촌의 생태계와 경관과 여유가 보전되겠죠. 내 먹을거리에 대해 걱정하지 않아도 된다면 농민 마음에 여유가 생길 겁니다. 젊은 연구자가 이리저리 조사하는 걸 보면 예쁘잖아요. 도와주고 싶을 겁니다. 집에서 차 한 잔 마시라 권할지 모릅니다. 기본소득은 농촌을 원래 모습으로 바꿀 거라 믿어요.

홍미영 기본소득을 이야기하면서, 다시 원천적 삶의 모습을 되새기게 됩니다. 소중한 땅과 물에 대한 철학적 상징을 생각하는 계기가 되네요. 농민수당으로 일컫는 농민 기본소득이 제공된다면, 든든해지겠죠. 현장에서 어떻게 생각하시나요?

조언정 농민수당을 시작한 해남에서 농민 얘기를 들었어요. 농민 스스로 정책을 처음 만들게 되었다는 겁니다. 여태 정부에서 시키는 대로 했잖아요. 농민은 그저 정부를 바라보는 해바라기 신세였는데, 농민수당이 나오면서 주인의식을 가지게 된 겁니다. 그게 농촌 기본소득이에요.

홍미영 농촌 기본소득하고 농민 기본소득이 뭐가 다른가? 농민수당은 가구별로 제공하는데, 농촌 기본소득은 농촌에 관심을 기울이는 효과로 이어지네요. 박진도 교수를 비롯해 관심이 큰 학자가 있는데, 현재 농촌 소멸하잖아요. 그 문제를 해결하는 관점에서 농촌 기본소득이 도움이 되겠네요. 농민 기본소득은 농민의 일과 삶에다 핵심이겠군요.

박병상 중요한 점을 지적하셨어요. 해남의 농민이 스스로 정책을 결정했다는 거. 내 삶의 뿌리가 내린 땅에서 스스로 할 수 있다는 걸 깨달았다는 거. 중요합니다. 기본소득이 제공되면 농촌이든 농민이든, 농민의 합의로 스스로 계획을 이끌며 자존심이 살아날 것 같아요. 지역 문화는 다양합니다. 강화는 강화고, 해남은 해남이고, 강진은 강진이잖아요. 중앙에서 강요하는 괴상한 농업이 식탁을 혼란스럽게 만들거든요.

홍미영 국민의 뜻을 현실에서 창출하는 자부심으로 이어지네요. 생활에 실질적인 도움도 이렇게 된다면 늦출 이유가 없죠. 국회는 사실 국민의 대의기관 아니겠습니까? 대의를 결집해 스스로 선택할 수 있으므로 우리 얘기를 정책에 반영해야 합니다. 현장 목소리가 많이 나와야 하죠. 새로운 일상이 그렇게 만들어야 하거든요. 독자께서 오늘 대화로 농민 기본소득의 철학에서 현장 농민의 목소리까지 청취했습니다. 기본소득으로 미래를 만들어가는 거에 기대치를 공유하게 되네요. 같은 생각으로 협력할 마음이 커질 것 같습니다. 마무리해야 될 것 같습니다. 두 분 말씀을 듣고 마무리할까 합니다.

박병상 기본소득이 우리의 기본, 삶의 뿌리를 찾아가는 과정이면 좋을 텐데, 놓치는 게 많죠. 오늘 대화를 계기로 미래세대의 행복까지 생각할 수 있기를 희망합니다. 미래세대가 건강하게 생존할 안정적 삶입니다. 조상의 얼이 뿌리내린 땅을 누가 지킬까요? 바로 농민입니다. 농민이 스스로 농사를 지을 때 가능한 일입니다. '삼농'이라고 합니다. 농민, 농촌, 그리고 농업을 이야기하는데, 삼농이 안정되어야 미래세대가 건강합니다. 그 사실을 시민도 인식하면 좋겠습니다. 건강하게 살아가려면 땅이 살아야 한다는 진리를 말하는 겁니다. 정치인에게 미래세대의 행복한 삶이 중요하지 않겠어요? 미래세대가 건강하게 이 땅을 이어가도록 배려하는 행위가 정치라면, 땅의 가치를 잊으면 안 됩니다.

조언정 우리 삶에 노동만 있는 게 아니잖아요. 한데, 시장을 중시하다 보면 놓치는 부분이 많아요. 돌봄노동이나 가사노동. 이런 측면도 농민과 농업 가치를 지킬 때 가능해집니다. 농산물을 가격 관점에서 따질 수 없습니다. 농민의 일 자체, 땅에서 땀 흘리는 자체가 사회와 국가, 그리고 지구에 얼마나 기여가 큰지, 명심해야 합니다. 그에 대한 보상이 필요합니다. 국가와 사회에서 마땅히 지급해야 합니다. 기본소득입니다. 기본소득 안에 가사노동이나 돌봄노동이 포함되니까요. 서로 배려하게 되니까요.

홍미영 어떠셨습니까? '새로운 일상을 여는 사람들'의 이야기에서, 미래세대를 우리가 어떻게 새로운 세상을 고민하고 꾸미며 이끌어갈 것인지, 혼자가 아니라 함께 가야 한다는 사실을 새기는 시간이 되었을 거라고 믿습니다. 오늘 이렇게 먼 길 달려와 주신 조원정 목사님. 앞으로도 농민들과 함께 기본이 되는 그런 활동 꾸준히 잘해주시

제2장 기본소득이 안내하는 새로운 내일 | 155

고, 언제든 저희가 필요하면 유튜브에 모셔서 얘기를 나눠주세요. 농업 문제에 대해서 귀 기울이고, 의미 있는 논의를 나눌 수 있어서 고마웠습니다. 여성 농민도 이런 얘기를 좋아하실 것 같아요. 무엇보다 박 대표의 원천적인 얘기를 들으니, 힘이 솟는 느낌입니다. 어렵더라도, 희망이 당장 뚜렷하지 않더라도 나아가야죠. 손잡고 가면 후대를 위해 더 나은 세상, 지구가 제대로 숨 쉴 수 있는 세상으로 만들 수 있을 겁니다. 건강하시고, 좋은 날이 다가오기를 기원합니다. 감사합니다.

3

지역의 문화예술과 기본소득

홍미영 안녕하세요. 오늘은 기획특집을 잡았어요. 기본소득을 주제로 여러 분야를 진행하기로 했는데, 기본소득으로 어떤 변화를 기대할 수 있을까요? 기대 분야로 오늘은 문화예술을 담당하는 분을 모시고 얘기를 나눠보겠습니다. 기본소득이 된다면 생계 이상으로 삶의 가치를 풍요롭게 하고, 주변의 파급효과가 번져나갈 수 있는 세상에 대해서 의견을 나누며 내일을 그릴 수 있을 겁니다. 문화예술 분야는 힘들어도 열심히 활동하며 꿈을 만들어가는 두 분과 얘기를 나눌 텐데요. 유세움 시의원입니다. 인천시의회에서 활약 많은 젊은 정치인입니다.

GUEST **백재이** 떼아뜨르 다락 대표 **유세움** 전)인천시의회 의원

유세움 반갑습니다. 유세움입니다.

홍미영 정치하기 전 유세움 의원은 음악을 전공했죠? 음악뿐 아니라 문화 실천 활동으로 유명했죠. '문화공작소 세움'에서 신명 나게 활동하다 시의회에 들어와 문화 분야의 관심을 보이며 시민의 행복한 삶을 위한 활동을 지원합니다. 한 분을 더 소개합니다. 인천에서 불모지라고 할 수 있는 연극 분야에서 10여 년 동안 원도심 신포동의 '다락' 극단에서 활동한 백재이 대표입니다.

백재이 안녕하세요. 연극인 백재이입니다. 20살 이전부터 인천의 연극 언저리에 머물던 사람인데요. 35년째 연극을 하다, 10년 전에 극단 '다락'을 만들어 소극장 활동합니다. 신포동 한복판의 연극 전용 소극장입니다.

홍미영 35년째 연극 분야에서 뛰었지만, 방송하기 전에 "유튜브 방송은 가슴 떨리게 하네요." 하시던데, 무대에서 가슴 떨리는 감성을 가진 백재이 대표와 먼저 얘기를 나누겠습니다. 시청자가 오늘 방송 무대가 독특하다고 여길 텐데 여기가 '떼아뜨르 다락'의 공연 무대이자 문화공간입니다. 인천 최초 외과병원의 자리입니다. 1942년부터 신태범 박사의 외과병원으로 유명했는데, 병원이 문화공간으로 변모했습니다. 역사적인 장소에서 말씀을 나눕니다. 코로나19 때문에 연극계가 쉽지 않지만, 어려움은 이어질 것 같아요. 후원회 덕분에 힘은 될 텐데, 어떠세요? 코로나19 이전과 이후, 연극 운영이?

백재이 제가 요즘 거의 만나지 못한 분을 뵙는데, 건물주예요. 제가 월세를 밀리다 내는 일이 반복되는데, 작년에 "코로나19 때문에 상황이 어려우니 이해해 주세요." 했죠. 그러자 "무슨 거짓말이냐. 코로나19 이전에도 돈이 없어서 늘 그러지 않았나? 돈 안 되는 연극을 하면서 남에게 피해를 주냐." 말씀하시더라고요. 항상 그랬거든요. 신랑이 돈을 벌어오면 월세를 내며 연극을 이어왔는데, 코로나19 영향을 신랑에게 돌리게 된 거죠. 수입이 4분의 1로 줄었어요. 대출금 이자를 감당하지 못하는데, 마음이 각박해지더군요. 작년보다 올해, 특히 올해 많이 힘에 부칩니다.

홍미영 절절하게 실감이 되는 말씀입니다. 더 자세한 말씀을 듣고 싶어요. 인천에서 연극 활동하는 분은 열악한 무대에서 애쓰다 중앙무대로 진출하기도 하고, 인천에 남는 분도 있잖아요? 코로나19 이후에 달라진 모습이 궁금해요. 더 각성했다 할까요? 하여튼 여러 심리 상태가 모여

나에게 1달 30만원을 고정적으로 지원해 준다면

돈 걱정하지 않고 제가 하고 싶은 예술활동을 행복하게 하면서

공감을 많이 많이 나눌 것 같거든요.

생각만으로 너무 행복합니다.

서 도약의 계기가 됐을 거 같아요. 코로나19 이후에 무언가 다른 일을 꿈꾸지 않나요? 펼치고 싶은 꿈을 꺼내 보시죠.

백재이 며칠 전부터 입버릇처럼 "나 돈만 있으면"하고 푸념해요. 기본적인 돈이 해결되면 안정될 것 같은 기분이 듭니다. 코로나19 이전과 이후, 사회적 거리두기 때문에 활동을 중단할 수 없으니 비대면으로 공연하는데, 그럴수록 뭐랄까, 관객에 갈증을 느끼거든요. 공연이 귀하게 느껴집니다. 잠깐이라도 공연할 기회가 생길 때, 정말 그렇게 반가울 수 없었어요. 오히려 예술 활동은 코로나19 이후에 집중이 더 되지 않을까 생각합니다. 물론 선택이기는 합니다. 적어도 연극은 대면이거든요. 현장 가까이에서 느끼는 게 달라요. 코로나19로 어려워지지 않았는지 하는 질문에 저는 단호하게 "아니요!" 합니다. 비록 선택적이지만, 많은 분이 무대를 찾을 거라고 저는 내심 기대합니다.

홍미영 그래요. 이런 반전의 희망 이야기를 들으면, 마음이 놓입니다. 유세움 의원도 예전의 현장 감각이 충분히 전달될 거고, 의회에서 문화예술 분야의 정책을 검토하며 걱정할 텐데, 의회 쪽 활동을 말씀해주시죠.

유세움 제가 현장 문화예술기획자 출신이잖아요? 후배 전화가 많아요. 힘들다네요. 오죽 힘들까요. 공연을 알아봐 달라는 부탁이 아니에요. 송금해달라고 해요. 울컥했는데, 판소리로 대통령상을 받은 친구의 전화에서 바코드 찍는 소리가 들리더라고요. 창고에서 재고 관리하는 중이더라구요. 안타까웠습니다. 예술가 활동 대신, 생계잖아요. 백재이 대표 말씀에 깊게 공감합니다. 공연이 취소되는 상황이 반복되니까요. 현장의 예술가들과 장비 임대하시는 분들, 요즘에 힘겨워하네요.

코로나19 이전인 2018년, 아프리카돼지열병 때문에 행사가 취소돼 힘들었어요. 부평 풍물 축제도 취소되었죠. 태풍 때문에 취소된 적 있어요. 보상이 가능한지 시의회 문화복지위원회에 얘기했어요. 예술인의 생계가 달린 일인데, 취소되면 벼락을 맞은 기분이 들거든요. 보험이 있으면 좋겠는데, 아쉬워요. 시의회에서 예산을 세우려 노력하지만, 쉽지 않아요. 인천문화재단에서 2차 생계 지원했는데, 장기 지원은 어려워요.

일시 봉합일 뿐, 상처가 깊어요. 바르는 약으로 안 돼요. 근본 처방이 필요합니다. 합리적 매뉴얼을 만들어야겠다 싶어요. 뭐 이 정도 논의가 의회에서 진행되는 정도입니다. 지원이 중요한데, 멍석만 깔지요. 보험 얘기까지 꺼냈는데 제도를 만들어 문화인들이 제 능력을 발산할 수 있으면 좋겠습니다. 인천사람이라는 자부심을 가질 겁니다. 고속도로나 GTX 만드느라 수천, 수조 원을 써서 문화인과 시민이 서울 쉽게 빠져나가면 인천에 뭐가 남겠어요? 인천시민에게 어떤 관심이 생기겠어요? 세금 뜯기는 시민에게 관심이 생길 수 없잖아요. 그런 차원에서, 문화계에 지원하는 일은 의미가 큽니다. 인천에 관심이 생기면서 자부심이 뿌듯해지거든요.

홍미영 그렇군요. 지원하되, 간섭은 말자! 코로나19 시대에 더욱 절박한 말씀입니다. 감사합니다. 그런 다음 시간에 뵙겠습니다.

4

청년의 내일을 지킬 기본소득

홍미영 안녕하십니까? '새로운 일상을 여는 사람들' 유튜브 오늘 방송은 '청년과 기본소득'이 주제입니다. 20대와 30대 청년 두 분을 모셨습니다. 30대, 인천교통공사 노동조합 김현기 부위원장과 연수구의회 의원인 20대 조민경 의원을 소개합니다. 그리고 늘 조언을 아끼지 않는 박병상 대표입니다.

기본소득 시대가 도래했다고 말합니다. 월 얼마를 제공하냐? 분기별 25만 원은 어떠냐? 액수를 구체적으로 거론하기도 하네요. 앞으로 논의할 사항인데, 기본소득이 던지는 의미, 그리고 기본소득으로 어떻게 생활을 꾸려

GUEST **조민경** 전)연수구의회 의원 **김현기** 인천교통공사노동조합 위원장

나갈 건지, 두 분의 말씀을 나눠보겠습니다. 우선 조민경 의원에게 묻죠. 화제가 됐는데, 인천에서 연수구가 최초로 기본소득 조례가 통과되었죠? 여름에 발의했지만, 우여곡절이 있다고 들었는데, 연수구 기본소득 조례에 관한 의견을 말씀해주세요.

조민경 안녕하세요. 송도국제도시를 대표해 일하는 연수구민 조민경입니다. 반갑습니다. 내용부터 간략하게 말씀드리면요. 경기도 청년 기본소득 조례와 유사해요. 연수구에 3년 이상 거주했거나 10년 이상 거주한 청년이라면 조건 없이 1년에 100만 원을 지급하는 겁니다. 한 번이 아니라, 분기별로 25만 원을 4번 나눠서 드리는데, 현금이 아닌 지역화폐입니다. '연수이음카드'가 되겠죠. 그런 내용인데, 지금 기획복지위원회에서 부결된 상태고요. 본회의에서 최종 결과가 나올 텐데, 어떤 결과가 나올지 궁금합니다.

조례 당위성을 따지기 전부터 재원에 많은 논의가 있었어요. 24세 청년에게 제공한다면 연수구는 5,100명을 감당해야 하거든요. 100만 원이면 51억입니다. 부담이 큰 거예요. 구청은 추진하겠다고 말했지만, 의원이 볼 때 부담이 큰 겁니다. 연수구 사업이 산적합니다. 설계 단계인 청소년 수련관과 국제도서관은 예산 확보를 못 해 진척이 더딘데, 국비 지원이 없어요. 시 지원으로 부족해요. 기본소득 조례가 통과되면 부담이 커지는 거예요. 인천시나 국가의 지원을 기대할 사항이 아니기 때문에 위원회 통과가 무산되었습니다. 무엇보다 연수구 청년의 의견 수렴이 부족했습니다. 공감대를 형성하는 과정이 필요했고, 소관 위원과 공감할 시간이 부족했습니다.

홍미영 전망은 어떨까요? 연수구에 사는 박병상 대표의 말씀을 들어보죠.

박병상 내 지역 청년들이 자신의 일을 스스로 찾도록 시간과 금전적 여유를 주는데, 지역 시민들이 돈을 안 낼 것 같진 않거든요. 연수구의 어떤 언론이 기본소득 논의를 충분히 토론하고 공유하면서 격려했다면 어땠을까요? 이번에 어려워도 다음에 가능할 수 있을 텐데, 아쉽습니다. 논의 과정을 잘 기록해, 다음 기회를 모색하면 좋겠어요.

1년에 100만 원. 사실 얼마 안 되거든요. 인생을 진정성 있게 생각하도록 이끄는 기본소득이라면 부족하죠. 어떤 전문가는 1천만 원을 주자고 얘기하니까요. 사회에 나가기 전에 충분히 설계하도록 여유를 주자는 겁니다. 국가 차원에서 지원하자는데, 그 정도로 국가 재정이 흔

2019년에 청년 기본소득을 받았던 청년들은
기본소득으로 인해 지자체 역할과 가족의 소중함
그리고 자신의 미래에 대한 긍정적인 인식 변화가 생겼다고 합니다.

들리지 않겠죠? 그만큼 훌륭한 투자가 어디 있습니까? 기본소득으로 기득권을 강화한다거나 혜택을 주는 것으로 오해하는 사람도 있지만, 아닙니다. 복지 기능은 있겠지만, 기초적인 삶을 보장하는 지원금입니다. 물도 공기도 의식주도, 기본적인 삶의 조건이잖아요. 기득권도 혜택도 아닙니다.

홍미영 기본소득보다 국가배당 또는 지역 배당으로 얘기하는 사람이 있어요. 시작이 안 됐을 뿐이지, 세계적 흐름입니다. 공감대가 생겨 당연한 거라 보는데, 궁금한 게 있어요. 기본소득 받을 청년은 장차 어떤 일을 할 수 있을까요? 무슨 생각을 할까요? 기본소득에 대해 얼마나 알고 있을까요? 주변 청년은 어떤 생각을 하나요?

김현기 인천교통공사 노동조합의 김현기가 답을 이어가겠습니다. 첫째, 심각한 청년 빈곤 문제부터 생각하겠습니다. 저는 20대 대학 시절을 어렵게 보냈습니다. 아르바이트를 쉰 적 없을 정도예요. 버스비가 없어서 걸어야 할 때도 있었으니까요. 생계형 아르바이트가 아니라 하고 싶은 일을 준비할 수 있으면 좋겠다고 생각합니다. 자신의 미래에 투자할 테니까요.

얼마 전, 이재명 경기도지사가 월 8만 원으로 기본소득을 시작하자고 했을 때 비판이 많았는데, 비판한 분에게 천 원이 없어서 힘겨웠던 경험이 있는지 묻고 싶더라고요. 누군가에게 8만 원은 단비가 될 수 있으니, 저는 소액이라도 기본소득이 도입돼 청년에게 마중물이 됐으면 좋겠습니다. 두 번째로, 청년이 도전하지 못하는 사회를 걱정해야 하잖아요. 제 주변에 창업이나 사업을 준비하는 친구는 실패에 대한 두려움으로 주저합니다. 신용불량을 걱정하는데, 기본소득이 제공된다면 적극적으로 도전할 겁니다. 그런 기본소득을 찬성합니다. 반드시 도입됐으면 좋겠습니다.

홍미영 절실하게 와닿네요. 젊은 여성의 처지에서 어떻게 생각하세요?

조민경 여성과 청년을 나눌 필요 없이, 청년 공통의 고민입니다. 그런 측면에서 기본소득은 더욱 활발하게 논의해야 할 분야라고 생각해요. 인천에 사례가 없어서 경기연구원을 찾아봤습니다. 경기연구원은 2019년 4월 1분기에 청년 기본소득을 받은 12만 4천 명을 대상으로 표본 조사를 했습니다. 만족하는가 질문하자, 80% 이상 만족한다고 답변했네요. 보통이라고 답한 사람까지 포함하면 찬성 비중이 큽니다. 다음에 내 삶의 변화가 있나 묻자,

60.3%가 긍정적 변화가 있다고 답했고요.

어떤 변화였는지 살펴보니, 단순히 밥을 먹거나 물건을 샀다는 내용이나 월세에 보탬이 되었다는 내용이 아니었습니다. 예상과 달리 삶의 가치 향상을 많이 얘기했으니까요. 예컨대, 우리 경제, 자유, 소득 불평등과 인권 문제를 거론했어요. 인권 신장까지. 청년들의 생각이 건전하게 성장했습니다. 기본소득을 받자, 지자체 역할과 가족의 소중함 그리고 자신의 미래에 대한 긍정적인 인식 변화가 생겼다는 겁니다. 이런 현상을 보면서, 금액의 크기와 관계없이, 기본소득은 삶의 가치에 의미 있는 변화를 가져오게 한다고 생각했습니다. 그런 영향을 받았다는 청년이 60.3%나 된다면, 의미 있습니다.

김현기 청년의 말씀, 빈곤을 극복할 디딤돌과 마중물이 될 수 있다는 희망의 전언에 더불어, 경기도의 평가를 미루어 보니, 기본소득이 실제 진행될 때 청년들에게 더욱 풍성한 결과로 나타날 거라는 확신이 생깁니다. 재난지원금을 볼까요? 개인이 아니라 가족 단위로 받았잖아요. 4인 가족의 아들, 딸, 어머니, 아버지가 어떻게 나눌까요? 가볍게 가족 외식으로 쓰고 마칠 수 있어요.

청년 기본소득을 얘기하는데, 만약 홍미영 이사장이나

박병상 대표 같은 경우, 매월 30만 원, 또는 분기별로 25만 원을 받는다면 무엇을 하고 싶은지 궁금합니다. 천만 원을 받으면 어떤 도전을 하고 싶은지, 박 대표께 물을게요.

박병상 많을 거예요. 강사에서 은퇴한 저는 돈벌이를 위해 시간을 쓰지 않는데, 원고를 쓰면서 동네와 이웃이 어떻게 지역 뿌리내리면 좋을까를 고민했어요. 천만 원이 생기면 그런 사람을 만나러 다니고 싶은데, 시간이 없었어요. 본격적으로 사람을 만나 고민을 나눌 겁니다. 고민의 실현을 연구하는 거죠. 절실한 마음이 모이면 대안을 만들어낼 수 있겠죠.

홍미영 기본소득이 들어오면, 저보다 여성의 노인과 빈곤 문제를 해결하는 행동에 나설 겁니다. 여성 노인을 봐요. 평생 자신에게 돈을 쓸 기회가 없던 할머니가 손주를 마음껏 보살피면서 자기 품위를 지킬 수 있을 겁니다. 빈곤에 허덕이며 남에 손 벌리지 않아도 되니까요. 공동체 일원인 여성에게 가사노동은 무급이었어요. 기본소득은 가사노동하는 여성 스스로 자신이 존중받는 존재라는 자부심을 느끼게 할 겁니다. 제가 기본소득을 받으면 그런 운에 기꺼이 나서게 될 거예요. 청년을 걱정했는데,

저희 생각까지 나누게 됩니다. 훨씬 풍성해져요.

김현기 저 같으면, 자신을 위해서 쓸 것 같은데, 역시 이웃과 공동체를 위해 쓰신다고 답하시네요. 처음 나를 위해 써야겠다고 생각하다, 이웃이 보이게 될 거로 생각합니다. 여유가 생기니까요. 현재 상황이 이어진다면 저는 물론이고 제 아이의 아이도 어려울 겁니다. '영끌' 별의별 거 다 끌어와도 집 살 가능성은 거의 없잖아요. 게딱지 같은 집에서 겨우겨우 사는데, 기본소득 한 달 30만 원을 집세로 날리기 아쉽잖아요. 그런 고민으로 저는 기본소득 이외에 기본적인 주택을 고민해야겠다고 생각합니다. 그래야 청년들이 장차 하고 싶은 일에 매진할 거거든요.

홍미영 맞아요. 그래서일까요? 기본주택이나 기본 일자리 같은 이야기들이 늘어나요. 한편 기본소득을 현금이 아니라 지역화폐로 제공하자는 이야기가 있어요. 대출금 갚는데 쓰는 소득이 아니라 지역 경제를 활성화하는 연쇄효과를 기대하는 건데, 그런 점에서 김현기 청년은 기본소득의 연쇄효과를 어떻게 생각하나요?

김현기 우리나라 인구가 5,100만입니다. 5,100만 명이 책 1권 산다면 해마다 5만 권의 책이 출간되고 출판사 경영이 개선되겠죠. '삼포 세대'라는 얘기가 있어요. 기본소득으로 연애하고 데이트하면서 결혼하면, 외식도 할 거고, 예쁜 물건도 살 겁니다. 지역 경제가 그만큼 더 순환되라 생각합니다. 소득 재분배가 개선되는 측면을 볼 수 있습니다. '그림자 노동'이라는 말이 있어요. 예를 든다면, 요즘 프랜차이즈 식당은 점원이 아니라 키오스크가 주문받습니다. 고객이 직접 주문하는 거예요. 업체 대신 고객이 노동이라는 의식 없이 일합니다. 그림자 노동입니다. 점원을 줄인 만큼 기업을 이익은 더 챙기죠. 기술 발전으로 그림자 노동은 심화할 겁니다. 과정에서 챙길 기업의 이익이 소비자에게 돌아가야 합니다. 기술이 만드는 소득의 변화를 기본소득으로 재분배해야 한다고 봅니다. 미국과 유럽처럼 우리도 고민해야 합니다.

홍미영 김 부위원장의 기본소득 이해가 깊네요. 단순한 감각이 아닌데, 연수구에 기본소득을 발의한 조 의원에게 묻죠. 지역화폐로 제공하나요? 그렇다면 연쇄효과를 기대하시나요?

조민경 네. 지역화폐로 하는 겁니다. 현금처럼 쓰는 지역화폐로 제공하기 때문에 대출금 상환은 불가하죠. '연수 이음 카드' 만들었을 때, 남동구에 비슷한 카드가 없었어요.

가만 보니, 남동구 주민이 연수구에 와서 밥을 먹더라고요. 지역화폐의 혜택이 그만큼 크다는 거죠. 지역화폐라면 연수구에서 밥 먹고, 사람과 만나 어떤 혜택을 누릴 겁니다. 지역화폐는 지역 소상공인을 위해서 사용할 가능성이 크겠죠,

홍미영 그래요. 청년에게 꿈과 비전을 만들 계기가 될 것이고, 어려운 자영업자에 희망을 줄 거라 믿습니다. 기본소득을 넘어, 청년 테두리에서 조민경 위원에게 청년 여성 정치인의 꿈과 비전을 듣고 싶네요.

조민경 청년의 한사람으로, 정치는 블루오션이기 때문에 무조건 참여하라고 청년에게 당부하고 싶어요. 정치를 시작한 25살 때, 많은 사람이 젊다고 지적했지만, 제 생각으로, 정치는 복잡하지 않아요. 내 집 앞 가로수 수종을 바꾸는 의견도 가능하잖아요. 젊었으므로, 정책 결정자의 생각을 무작정 받아들이지 않잖아요.

연수구 놀이터 사업에 앞서 초등학생에게 어떤 놀이터를 원하는지 그려보자고 했어요. 아이들은 투표로 당선작을 고르고, 그에 맞춰 리모델링 해주는 사업인데, 재미있었죠. 나와 친구가 그린 놀이터가 집 앞에 생기면 매일 놀러 가고 싶을 것 같아요. 아이들이 생활에서 정

치를 체험한 거죠. 투표권이 있는 사람, 나이 많은 사람만 정치하는 것이 아니라, 누구나 할 수 있는 게 정치이고, 쉽게 접근할 수 있어야 한다고 생각합니다.

현장에서 삶에 어울리는 생각을 듣고 풀어나가는 정치를 해도 제가 모든 분야를 다 알 수는 없잖아요. 관심 있는 사람과 공론장을 만들면 좋겠다고 생각해요. 물론 저도 참여하고요. 그렇게 하면 삶이 지역에 뿌리내려요.

홍미영 정치 초년생일수록 어느 계파의 누구에게 잘 보일까부터 고민하는데, 제가 감사해야겠어요. 게다가 다른 사람의 이야기부터 경청하잖아요. 노조 부위원장인 김현기 청년은 조직과 사회의 개혁을 꿈꿀 텐데, 그렇다면 말씀을 이어주세요.

김현기 노동운동에 관심이 많아요. 권력 감시 활동으로 사회가 바른 방향으로 나간다고 생각합니다. 두 분도 사회운동을 오래 하셨는데, 생계 걱정 없는 분이 드물더라고요. 우리 노동조합이나 외부 비정규직 노동조합을 보면, 생계 때문에 청년 유입이 어려운 게 현실입니다. 노동운동도 사회운동도 마찬가지인데, 기본소득으로 기본적인 생활이 안정되면 활발하게 활동할 수 있을 겁니다. 사회를 올바르게 이끄는 선순환이 되지 않을까요?

홍미영 미래 어른의 삶까지 밝게 해줄, 희망을 주네요. 청년의 삼포 얘기를 나눴는데, 요사이 우리 사회에 '헬조선' 얘기, 그리고 어른들이 사다리를 걷어찼다는 얘기까지 들려요. 가슴이 답답한데, 버틸 힘이 되는 기본소득이 제공된다면 정치나 자기 영역에서 사회를 더욱 밝힐 활동에 나서겠다는 청년 이야기를 듣네요. 갈증을 풀립니다. 마무리해야 하는데 박병상 대표도 의견을 주시고 청년 얘기로 마무리하지요.

박병상 청년 기본소득에서 육아 얘기가 나오니까, '아기 기본소득'은 어떨까 생각해봅니다. 아기 몫의 기본소득이 나오는 집이라면, 돌보는 일에 큰 도움이 될 겁니다. 제 아이가 아이를 낳는다면, 할아버지가 될 제가 돌보고 싶을 거거든요. 아기 돌보는 조부모에게 혜택이 될 수도 있죠.

홍미영 '아기 기본소득'까지 얘기되는 유쾌한 자리였는데, 청년과 여성 청년을 대표해서 마무리 말씀해주시죠.

조민경 청년인 저도 기본소득을 받으면 무척 좋겠죠. 우려되는 점도 말씀드리고 싶어요. 재원이 가장 어려운 부분인 것 같아요. 경기연구원 조사를 보니, 반기는 청년들은 확대하길 바랍니다. 지역을 넓히길 원하네요. 저출산 분위기에서, 이이 낳으면 아이가 8세 될 때까지 얼마를 주겠다는 기본소득도 상상할 수 있고 노인에게 제공할 수도 있을 거잖아요. 농민과 예술인, 여러 계층이 필요할 겁니다. 모든 국민으로 확대할 수 있는데, 재원은 어떻게 마련할 것인가? 고민이 많습니다. 세금으로 월 25만 원을 낸다고 하면, 모두 기본소득으로 돌려받는 것이 아니잖아요. 재원에 대한 심리적 저항을 줄이려면 합리적으로 이해할 수 있는 설명이 필요합니다. 그런 논의를 거쳐 공감대를 형성해야겠다는 말씀을 드리고 싶습니다.

김현기 어려웠던 시절에 듣던 말인데, '가난에 이자가 붙는다.'라는 겁니다. 크게 다가왔었는데요. 이가 아파서 치과에 갔는데, 치료비 10만 원이 없어서 참고 참다 시간이 지나면 수십, 수백 배의 비용을 물어야 하는 상황이 생깁니다. 어려운 계층, 특히 청년에게 다가오는 일입니다. 기본소득이 어려운 사람들의 이자를 탕감하는 정책이 될 수 있으면 정말 좋겠는데, 걱정은 재원입니다. 10년 전 2011년도, 우리나라 예산이 320조 정도입니다. 내년 국가 예산이 10년 사이에 2배로 늘었습니다. 근데 우리 삶은 2배가 좋아졌나요? 생각해 볼 필요가 있지 않습니다. 재정 측면에서 그렇습니다.

홍미영 가난함을 유지하며 참다 나중에 돈이 더 들어가는 경우처럼, 어렵다고 방치하면 나중에 비용이 늘어나겠죠. 퇴직 공무원이 펴낸 책자를 보니, 허투루 집행하지 않고 필요한 분야에 제대로 써도 예산이 부족하지 않다고 해요. 국토에 도로네 뭐니. 온갖 시설은 잘도 지으면서 기본소득은 외면합니다. 사람에 대한 투잔데 말이죠. 재정을 정교하게 설계하면 재원을 찾을 수 있다고 생각합니다.

요즘 세계 추세를 보니, 젊은이들이 정치나 사회활동에 적극적입니다. 특히 기후변화와 코로나19 시대에 여성을 포함해 많은 청년이 장관을 하고 행정을 집행하는 책임자가 됩니다. 여성이 지자체장이 되는 사례도 많아요. 스웨덴의 툰베리처럼, 청소년도 기후와 사회활동에 활발한 상황이잖아요. 미래에 중요한 역할을 할 청년과 모처럼 기본소득 얘기를 나누니 가슴이 벅찼고, 책임감을 키우게 됩니다. '포기하지 말라 청년들이여. 당신 손에 미래가 있다.' 뭐 이런 책도 있고 '세상을 바꾸려면 청년이 앞장서야 한다.' 그런 글도 있어요. 내일을 이끌 청년의 고민을 기본소득으로 풀어갈 수 있다는 희망에 찹니다. 뜻을 모아 새로운 일상을 열자고 청년에게 당부하면서 마칠까 합니다. 감사합니다.

무서워질 감염병에 대처하는
새로운 일상

현 생태계에 거의 마지막으로 출현한 인간은 사회적 동물입니다. 가족과 이웃은 물론이고 생태계 기반이 안정되지 않다면 생존을 이어갈 수 없는데, 실패하나 봅니다. 코로나19 감염병이 세계적으로 창궐하면서 거리두기에 나서야 했으니까요. 중국에서 발생한 바이러스가 비행기를 타고 전 세계로 급속히 확산했고 고속도로를 따라 도시 곳곳으로 파고들었는데, 증상이 나타나야 전파하는 일반 호흡기 질환과 달리 코로나19는 감염자도 모르는 사이에 퍼졌습니다. 그 바람에 개개인은 마스크를 착용해야 했고 학교는 온라인 강의로 변경했으며 관공서와 시장은 물론 대중교통도 2m 이상의 거리두기를 시행했습니다.

일상이 무너지면서 직장 잃은 젊은이가 치킨을 배달해야 했고 평생 키운 여행사를 포기하지 못한 사장은 사무실에서 생선을 썰었습니다. 거리두기가 일상일 때, 언론은 낯선 풍경의 원인을 코로나19 탓으로 돌렸고, 우리도 막연히 "코로나 때문에"라는 타령에 빠졌습니다. 유행어가 되었는데, 진정 코로나19 때문이었을까요? 코로나19가 퍼질 수밖에 없는 근본 이유가 있지 않았을까요? 코로나19 이전에 사스(SARS)와 메르스(MERS) 같은 급성 호흡기 질환도 갑자기 퍼졌습니다.

코로나19 감염을 예방하려면 전문의는 시민에게 '3밀', 다시 말해 밀집, 밀접, 밀폐를 피하라고 당부했습니다. 바이러스는 스스로 이동하지 않아요. 숙주가 움직여야 숙주 사이로 전파됩니다. 코로나19 바이러스는 교통수단을 타고 사람이 밀집한 교회나 학교에 빠르게 스며들었어요. 도시는 밀폐된 콘크리트 건물이 밀접해 있습니다. 아파트와 도심 건물들이 그렇겠군요. 바이러스는 사람만 감염시키지 않아요. 조류인플루엔자는 닭과 오리를 감염시키는데, 밀집해 사육하는 대형축사가 갯벌을 메운 서해안에 밀접해 있으니 금방 퍼지죠. 구제역 바이러스도 마찬가지입니다.

코로나19 바이러스는 조류인플루엔자나 구제역처럼 내부의 유전자를 쉽게 변화시킵니다. 주위 환경이 변하면 그에 반응하는 속도가 그만큼 빠른 겁니다. 전염을 막으려고 살포한 약품이 변하게 하는데, 그럴 경우, 기존 예방백신을 처방해도 소용없어요. 코로나19 바이러스는 변화가 더욱 빨랐고, 다시 개발한 백신을 주사해야 했어요. 코로나19 바이러스가 퍼져나간 지 5년, 사람들은 코로나19의 독성이 독감보다 무섭지 않다고 느낍니다. 적응한 걸까요? 확신할 수 없습니다. 경험에 미루어, 더욱 무섭게 돌변할 수 있으니, 전파할만한 환경을 미리 차단해야 합니다. 무엇일까요?

도시가 클수록 사람은 '3밀'을 회피하기 어렵습니다. 도시인의 일상은 대개 비슷합니다. 건물이 높고 자동차가 빠를수록 경쟁이 치열합니다. 학교와 직장을 보세요. 승리하는 방향으로 눈치껏 처신해야 낙오하지 않을 테니까요. 경쟁은 표준화로 치닫고, 표준화된 사회에서 두각을 나타내야 승리하므로 경쟁에 휘말립니다. 표준화된 사회는 속도, 크기, 화려함을 획일적으로 비교하지만, 개성은 존중하지 못해요. 다양성은 낙오를 의미하니까요. 승리를 위해 사람은 에너지를 과다하게 소비하고, 온실가스는 그만큼 배출이 늘어나겠지요. 거대해진 축산업, 다국적기업이 지배하는 농업이 그렇습니다. 전쟁은 말할 나위가 없습니다.

화석연료를 펑펑 태우자 기후위기가 심각해지고 기상이변

이 재난을 부르는데, 자연을 지배한다 생각하면서 인간은 오만해졌습니다. 탐욕스러운 경쟁은 자연을 분별없이 개발했고, 생태계는 다양성을 잃었습니다. 기후변화로 무너지던 생태계는 그만 재난에 대한 회복탄력성을 잃어갑니다. 복잡한 해안선을 직선으로 메운 자리에 핵발전소를 짓자 지진에 폭발하고 말았습니다. 갯벌을 메운 자리에 공장식 양계장을 밀접하면서 조류인플루엔자가 만연되었습니다.

코로나19는 기후변화와 인간의 탐욕에 강력한 경고를 보내는데, 비대면과 거리두기가 대안일 수 없습니다. 안일합니다. 감염병을 불러들이지 않는 삶으로 일상의 변화를 모색해야 합니다. 조류인플루엔자가 걸핏하면 발생하지만, 2000년 이전에 우리는 그 존재를 몰랐습니다. 바이러스를 품고 찾아오는 철새가 거대한 양계장 근처로 다가오지 못했으니까요. 도시에서 떨어진 농촌의 일부 농민이 닭장에서 몇 마리를 사육할 때, 바이러스 존재를 알 필요가 없었죠. 코로나19를 경험한 이후, 우리는 '새로운 일상'은 모색해야 할 필요를 깨달았습니다. 하지만 특별하지 않아요. 바이러스가 무섭지 않던 시절에서 대안을 찾을 수 있으니까요. 그리 멀지 않은 선조의 삶입니다. 녹색혁명과 유전자 조작 농산물을 모르던 시절, 제철 제고장 농산물을 기계와 농약 없이 재배하며 자급하던 마을에 감염병은 마구 퍼지지 않았습니다.

이따금 자연다큐를 봅니다. 시베리아 아무르강에서 서해안 갯벌이나 부산 을숙도로 이어지는 생태계는 장엄하고 경이롭습니다. 큰고니, 마도요, 엽낭게들이 펼치는 장엄한 서사시는 파란만장하고 다채로운데, 사실 아슬아슬하네요. 굽이치는 아무르강이 온전하기에 건강한 철새들은 비좁아지고 오염된 을숙도, 매립된 갯벌에 다다르면서 위기에 몰렸습니다. 발전소, 비행장만이 아니라 쓰레기매립장과 아파트단지로 버림받은 뒤의 일이네요. 다채로운 생물이 분포하는 산천, 해안, 갯벌은 태곳적부터 안전하지만, 태곳적에 파묻힌 화석연료를 탕진하는 인간의 욕심은 기후위기를 심화시키며 빙하를 맹렬하게 녹입니다. 인천공항과 새만금은 언제까지 견딜까요?

세계 곳곳, 지역마다 역사와 문화는 다양하지만, 우열은 없습니다. 반면 매사 경쟁에 몰입하는 인간은 우열을 냉철하게 따지네요. 표준화하며 줄을 세우면서 인간은 역사와 문화를 잃었고, 몸이 기억하던 노래와 춤마저 잊었습니다. 다양성을 잃자, 세상은 온기를 잃어갑니다. 감염병에 이어 백신이 등장하지만, 할머니 약손을 대신하지 못하지요. 에드워드 제너가 백신을 찾아내자 200년 만에 천연두는 자취를 감췄고 1956년 엘비스 프레슬리가 백신을 맞은 뒤 소아마비 바이러스가 사라졌지만, 2019년 발견된 코로나19 바이러스는 7억 명을 감염시키고 7백만 넘는 인구를 희생시켰습니다. 갈수록 심각해지는 기후는 바쁜 도시에 새로운 감염병을 불러들일 겁니다.

시베리아와 티베트의 영구동토가 녹자, 한대림이 불길에 휩싸입니다. 메탄가스가 분출하며 화재에 휩싸이는 동토에 얼어붙었던 과거의 척추동물이 모습을 드러냅니다. 매머드만이 아니에요. 빙하에 파묻힌 동물 사체만 나타나는 게 아닙니다. 되살아난 바이러스가 비행기를 타고 퍼질 가능성을 학자들은 배제하지 못합니다. 자연의 강력한 경고는 미래세대의 파국을 예고합니다. 우리는 반드시 경쟁이 만든 밀집, 밀폐, 밀접을 회피해야 합니다. 다양성 회복이 근본 대안입니다. 생태계의 다양성과 지역의 문화와 역사를 회복하는 삶입니다.

다양성을 잃은 자연에서 우리는 영성을 느끼지 못해요. 콘크리트가 밀집된 도시는 회복탄력성을 기대할 수 없습니다. 송도신도시가 없을 때, 인천시민은 가없는 갯벌에서 영성을 느꼈습니다. 풍요로운 갯벌은 인천의 오랜 역사이자 문화였으니까요. 백신은 콘크리트 세상을 구원할 수 없지만, 건강한 자연은 아량이 넓어요. 마찬가지로, 도시에 영성을 불어넣는다면 회복탄력성을 회복할 겁니다. 코로나19 이후 '새로운 일상을 여는 사람들'은 도시와 농촌의 문화와 역사를 지키려고 애쓰는 사람을 만났습니다. 콘크리트 도시와 농약에 찌든 농촌에 영성을 불어넣는 '새로운 일상'을 모색했습니다.

1

코로나19가 소환한 새로운 일상은 공동체

홍미영 저는 인천의 활동가이자 정치행정가라고 주변 사람에게, 그리고 자신에게 이야기합니다. 2010년 전후, '지속가능 발전'이 우리 사회를 이끌어 갈 화두라는 생각이 들었고, 여러분과 그런 생각으로 활동해왔는데요. 최근 코로나19가 세계적으로 확산하면서 우리의 일상이 바뀌고 있어요. 초유의 일을 겪으며 감염병이 함부로 창궐할 수 없는 세상을 갈구하게 됩니다. 수동적인 일상에서 벗어나 능동적으로 참여해야 한다는 생각으로 확장되더군요.

이야기에 앞서, 얼마 전에 안타깝게도 《녹색평론》을 끌

GUEST **황순우** 바인건축사무소 소장

어가던 김종철 선생님께서 작고하셨다는 소식을 들었습니다. 작고하기 전에 "이 세계를 내버리기 너무 아깝다. 그러니 우리끼리 기탄없이, 스스럼없이, 세상 이야기를 나눠야 하지 않는가."라고 말씀하셨다는데, 이 영상이 그런 이야기를 소통하는 자리가 되길 희망합니다. 방송에 앞서, 제가 좋아하는 시 한 편을 읽고 영상을 열겠습니다. 도종환 시인의 〈담쟁이〉입니다.

물 한 방울 없고 씨앗 한 톨 살아남을 수 없는
저것은 절망의 벽이라고 말할 때
담쟁이가 서두르지 않고 앞으로 나아간다
한 뼘이라도 꼭 여럿이 손을 잡고 올라간다
푸르게 절망을 다 덮을 때까지
바로 그 절망을 잡고 놓지 않는다
저것은 넘을 수 없는 벽이라고 고개를 떨구고 있을 때
담쟁이 잎 하나는 담쟁이 수천 개를 이끌고
결국 그 벽을 넘는다.

현장 활동을 강조하며 행동하는 두 분을 모셨습니다. 박병상 대표를 소개합니다. 코로나19 문제의 근원을 생각하게 하는 책을 썼더군요. 《동물 인문학》입니다. 그 책에서 "더불어 사는 생명체에 성찰이 인간 사회에 없다." 하고 지적했습니다. 그리고 '행동하는 건축가' 황순우 소장입니다. 도시 건축학, 도시재생 분야의 중요한 이정표인 '인천아트플랫폼'을 10년 넘게 주도했죠. 인천뿐 아니라 전국에서 도시재생 사업에 참여합니다. 박병상 대표의 말부터 듣겠습니다. 우리가 왜 '새로운 일상'을 준비해야 할까요?

박병상 먼저 코로나19를 이야기해보겠습니다. 1930년대 발견했지만, 관심을 두지 않았습니다. 동물에 잠깐 나타났을 뿐, 사람에게 별 피해를 주지는 않았으니까요. 돈벌이로 이어지지 않으니까, 건드리지 않은 것이죠. 그런데 무서워진 겁니다. 증상이 나타나지 않고 감염되는 일이 벌어진 겁니다. 게다가 비행기와 고속도로를 타고 번졌죠. 사람 모인 곳마다 발병하면서, '코로나19 이후의 일상은 이전과 달라야 한다'라고 동의하는 사람이 늘었습니다. 정부는 '언택트(untact)'. 다시 말해, 서로 마주치지 말자, 밀집된 현상을 해결해 보자 권고했습니다. 대학은 비대면으로 강의하게 되었고요.

그런데 '그것이 대안일까?' 오히려 '그 반대가 아닐까?' 저는 생각합니다. 인간은 원래 만나야 하거든요. 부딪히

재건마을 판자촌 건너 타워펠리스.
주어진 시스템에 길들지 않으면 '낙오'로 따돌리는 세상에서
기업의 요구에 응할 수밖에 없어요.

고, 끌어안으며 비비는 존재가 인간입니다. 그리 살았을 때는 코로나19 같은 질환은 없었잖아요. 요즘 어느새 우리는 자기 행동을 스스로 선택하지 못하네요. 남들, 특히 대기업이 의식주를 만들어 놓고, 강요합니다. 지식인들이 뉴노멀(new normal)을 대안으로 제시하는데, 지식인의 언어로 우리를 지시하고 판단하는 게 옳을까요? 의문이 듭니다. 사람 개개의 생각, 행동, 문화, 언어, 음식, 종교들은 다양합니다. 서로 이해하고 다독이는 다양성의 사회를 회복하는 것에서 코로나19 극복의 답을 찾을 수 있다고 저는 생각합니다.

저항하면 '이탈한 너는 소외되는 거야! 제시된 멋진 신세계에서 빠지는 거야.' 하며 윽박지릅니다. 주어진 시스템에 길들지 않으면 '낙오'로 따돌리는 세상에서 기업의 요구에 응할 수밖에 없어요. 만나 소통하고 타협하고 다독이지 않아요. 밀집돼 사는 인간이 주어진 삶의 방식에서 헐떡이자, 코로나19가 파고들었습니다. 코로나19가 발붙이지 못했던 사회는 사실 그리 오래되지 않았습니다. 할아버지 세대의 교육은 어땠을까? 종교, 이웃 관계는 어땠을까요? 그를 살펴보며 대안을 찾아야 합니다. 우리 '삶의 방식'을 거대자본과 권력이 규정합니다. 상당한 에너지를 요구하는 삶입니다. 고갈을 앞둔 석유라는 화석연료인데, 우리 미래세대는 언제까지 행복할까요? 아니어야 한다는 데 동의한다면, 무엇을 어떻게 준비해야 할지, 고민했으면 좋겠습니다.

홍미영 작은 데에서 큰 것을 봐야 한다는 말씀입니다. 황순우 소장은 도시재생을 주목하는데요. 도시재생 기획과 운영에 참여하면서 무엇을 생각하는지 듣고 싶습니다.

황순우 '도시재생'이라고 말하는데, 지금까지 저는 도시의 일상을 회복해야 한다는 생각으로 작업해왔습니다. 잊힌 건물, 잊힌 장소, 잊힌 도시를 어떻게 회복시켜서 삶으로 다시 다가오게 할지 고민해왔습니다. 어떻게 보면 코로나19 창궐이 그 고민을 더욱 구체화하도록 이끌었다고 느낍니다. 나와 우리가 속한 공동체 회복입니다. 나아가 사회가 성찰하는 시간을 가져야 한다는 생각이 커집니다. 사람 대부분이 탐욕스럽게 일하느라 중요한 것을 많이 놓칩니다. 가치가 아니라 물량 위주로 살다 보니, 노동 문제, 교육 문제들이 누적되는데, 코로나19가 창궐하면서 비로소 성찰할 수 있는 계기가 만들어졌다고 봅니다. 이 시간을 잘 보낸다면, 우리가 기진 문제들이 많이 해결되지 않을까? 그런 생각으로 이어집니다.

일례로 저는 다섯 식구와 사는데 저녁을 잃어버린 일상

이더군요. 저녁은 각자 알아서 먹고 집에 들어가곤 했는데, 코로나19 이후에 모여서 저녁을 먹게 되었습니다. 그렇구나. 이것이 우리가 살던 방식의 회복, 공동체가 아닐까? 하는 생각이 드는 겁니다. 사실 그럴 수밖에 없었어요. 우리가 찾을 '새로운 일상'이 이전의 방식 꼭 그대로는 아니지만, 그리웠고, 이전의 방식으로 회복되어야 한다는 생각이 들게 된 것입니다. 다른 사례를 들어보겠습니다. 현재 팔복에 레지던시 작가가 11명인데, 전 같으면 너무 바빠서 작업할 시간이 부족한 사람이었습니다. 요즘은 아닙니다. 작업을 열심히 하면서 같이 밥을 먹는 분위기가 되었습니다. 무언가 새로운 공동체가 만들어지는 것을 본 거죠. 외부 요인으로 인해서 회복될 수 있겠다는 생각을 하게 되네요.

한편 도시를 연구하는 처지에서 살펴보니, 생활권의 변화 현상에 주목하게 됩니다. 먹고, 자고, 일하고, 노는 행위가 과거에는 대도시 중심으로 형성되었는데, 이동 수단에 한계가 생긴 상황에서 바뀝니다. 전염에 대한 두려움 때문에 생활권을 소규모 단위로 나누고 있습니다. 물건을 사는 장소와 방법, 노는 방식의 변화에 따라, 도시의 삶이 새로워지는 겁니다. 그런 일상을 다시 그려가야 할 때라고 생각하게 되죠.

홍미영 도시의 일상 회복에 대한 건축가의 고민, 그리고 이전의 일상으로 돌아가지 못하지만, 그동안 잘못 추구하던 것을 점검하면 새로운 일상에서 오히려 더 인간다운 삶으로 긍정적 가능성을 볼 수 있다는 말씀을 해주셨습니다. 얼마 전, 박병상 대표가 플라스틱에 관한 얘기를 썼더라고요. 구체적으로 우리 일상에서 실천할 수 있는 사례를 예기하시면 어떨까요?

박병상 생산된 물건을 사용하고 버릴 때 우리는 특별한 이유를 생각하고 행동하지는 않아요. 남들이 하니까, 버리면 내 눈앞에서 사라지니까요. 무심합니다. 화장실을 생각해 보죠. 서양 분석가는 양변기를 20세기 최고의 발명품으로 여긴답니다. 전에는 의자 밑에서 받아 냅다 창문 바깥으로 버렸거든요. 행인은 높은 구두를 신어야 하고 코트를 뒤집어써야 하던 시절에서 해방되었으니, 얼마나 편해졌겠어요. 눈앞의 전염병도 사라졌지만, 양변기는 도시 생활의 어려움을 농촌에 떠넘겼습니다. 해결을 떠넘기고 편해진 거예요.

플라스틱도 그런 면에서 생각할 수 있죠. 어느새 플라스틱 없는 삶을 상상할 수 없습니다. 플라스틱이 없이 두부 한 모도 살 수가 없습니다. 사용한 플라스틱은 어떻게 처리할 것인가? 그건 그저 남의 일입니다. 앞으로 비닐을 어떻게 관리할 것인가에 대한 고민이 필요하지만, 거기에서 그칠 수 없습니다. 새로 생산하는 플라스틱에 대한 필요성을 살펴야 합니다. 석유 고갈은 머지않았으니까요. 과학기술 영역의 일이 많을 텐데, 정의 시각으로 미래세대를 생각해야 합니다. 탐욕과 권력이 사회를 지배하려 만든 기준을 강화하는 데 과학이 앞장선다면, 코로나19뿐 아니라 조류인플루엔자, 구제역은 더욱 심각해질 것이기 때문입니다. 화석연료 기반의 과학기술로 온난화가 계속된다면 위기는 다가옵니다. 코로나19보다 끔찍한 감염병, 기상이변이 대기하거든요.

홍미영 인간의 탐욕은 코로나19를 넘어서, 기습적이고 공격적 상황이 발생시킬 것이라고 지적했습니다. 이런 주제는 앞으로 영상의 회차를 늘려가면서 계속 진행할 것입니다. 황 소장께서 코로나19 상황이 오히려 신자유주의를 극복할 수 있는 계기로 삼을 수 있다는 말했는데, 구체적으로 이어주실까요?

황순우 우리 산업구조가 앞만 보고 달려왔던 것처럼, 도시의 삶도 그렇게 달려오기만 했어요. 살던 도시가 낡아 불편해지고, 고칠 필요가 생기면, 손쉽게 버리고 다른 데로 가는 비정함에 이끌리죠. 그를 위해 뿌리 내린 장소를 매립하고, 산을 깎아 허물면서, 쓰고 버리는 삶을 반복한다고 생각합니다. 코로나19는 인간이 쓰다가 버린 것들 속에서 서식할지도 모른다는 우화적인 생각이 들기도 하고요.

우리 삶의 패러다임에 과감한 변화가 요구됩니다. 이런 상황을 디지털 기술로 해결하려 든다거나 통제적 수단으로 회피할 것이 아니라, 삶의 가치를 변화시키고 사회경제적 구조의 변화를 추구해야 한다고 봅니다. 대도시로 몰리도록 짜인 생활과 일상을 생활권 중심으로 분산한다거나, 삶의 뿌리가 된 원도심을 중심으로 두면서 생활권을 다시 재편하는 정책으로 변화해야 합니다.

홍미영 시청자는 두 분의 말씀에서 일맥상통하는 무엇을 느꼈을 거예요. 아까 똥 얘기를 했거든요. 내가 귀찮고 불편한 일은 남한테 안기는 사회 시스템이 지금과 같이 상황으로 악화시켰다는 이야기, 황 소장의 쓰고 버리는 삶이 아니라 자급자족하는 삶으로 변화해야 한다는 의미를 새기게 되었습니다. 일본 고지마 섬의 원숭이가 생각이 났습니다. 고구마를 씻어 먹으면 맛이 좋아진다는 것을 알게 된 사연입니다. 시작은 어린 원숭이였고, 그 사실을 받아들인 원숭이는 서열이 낮은 어린 원숭이와 암컷이었다고 합니다. 나이 든 원숭이와 수컷은 변화가 더뎠지만, 어느 순간 모든 원숭이가 바뀌었다고 해요.
변화를 유연하게 받아들이는 어린이, 청소년, 청년처럼, 일상생활의 변화를 유연하게 받아들이는 여성과 젊은이가 주체적으로 자신의 삶을 새롭게 펼친다면, 지금보다 나은 세상을 활짝 열 수 있지 않을까 생각해봤습니다.
논어에 '기보치원'(騎步緻遠)이라는 말이 있습니다. 목적지를 향해 달리는 천리마라 해도 빠르게 뛰는 거보다 등에 탄 사람을 보살피며 정성을 다해야 바르게 간다는 뜻입니다. '새로운 일상을 여는 사람들'이 바로 기보치원의 마음으로, 함께하는 사람과 시청자의 목적지까지 정성을 다해 섬세하게 안내하는 천리마 노릇을 해야겠다고 다짐합니다. 감사합니다.

2

코로나19 이후의 라이피즘은 생태적 삶

홍미영 얼마 전 광복 75주년이었습니다. 계속된 굵은 장마로 태극기를 못 내걸었지만, 75주년 광복절은 여전히 바닷물도 춤추는 기쁜 날이고 꿈에도 잊을 수 없는 기념일입니다. 광복을 위해 이름도 명예도 없이 희생된 독립군과 민중이 많았습니다. 이름도 명예도 없이 스러져 대한민국을 지금처럼 물려준 선영의 희생을 마음 깊이 새기는 날이길 바랍니다. 김구 선생님이 말씀하신 〈내가 원하는 우리나라〉라는 글이 있죠.

나는 우리나라가 남의 것을 모방하는 나라가 되지 말고 이러한 높고 새로운 문화의 근원이 되고 목표가 되고 모범이 되기를 원한다. 그래서 진정한 세계의 평화가 우리나라에서, 우리나라로 말미암아서 세계에 실현되기를 원한다. 홍익인간(弘益人間)이라는 우리 국조(國祖) 단군(檀君)의 이상이 이것이라고 믿는다.

광복절 노래 두 번째 가사도 '세계의 보람될 거룩한 빛에서 나리니'라는 구절이 있습니다. 대한민국은 이제 문화적으로 모범을 보인다는 평가받으며 코로나19도 극복해낸 국가가 되었듯, 우리 정신적 가치인 홍익인간의 정신도 펼칠 수 있기를 바랍니다. 물질보다 사람, 생태와 공동체 중심, 그리고 홍익인간으로 거듭나는 시대를 절실하게 기원하면서 오늘 주제 '라이피즘'을 이야기하려고 합니다.

미래세대의 행복을 생각하는 생태적 삶을 주제로 박병상 대표와 이야기를 나누겠습니다. '라이피즘'이라. 어렵죠? 얼마 전 '새얼아침대화'에서 김누리 교수가 '포스트 코로나19 시대의 이념'이라는 주제로 라이피즘을 거론했습니다. 평소 유명인에게 냉소적인 박병상 대표도 동의했는지, 김누리 교수와 인사 나누는 모습을 보았는데요. 라이피즘, 생태적 삶, 포스트 코로나19 같은 개념이 '새로운 일상을 여는 사람들' 취지에 맞는 것 같아요. 박

코로나19를 불러들인 세상의 원인을 반성적으로 파악하고,
어떻게 새로운 일상을 어떻게 살아가야 할지고민하는 '라이피즘'은
우리 모임의 생각과 크게 다르지 않습니다.

병상 대표의 이야기를 들어봅니다.

박병상 네. 가슴에 남기며 들었습니다. '코로나 이후의 삶은 라이피즘으로 가야 한다.' 그런데 라이피즘? 무슨 얘기인지 설명이 필요하겠습니다. 김누리 교수는 요즘 인기 있는 강연자 중의 한 명인데요, '라이프즘'은 사실 지식인의 언어죠. 라이프(life)는 인생이잖아요. 거기다 이즘(ism)을 붙인 거니까, 흔히 이야기하는 '일상'이죠. 코로나19를 불러들인 세상의 원인을 반성적으로 파악하고, 새로운 일상을 어떻게 살아가야 하는지 토로한 강연이니, 우리 모임의 생각과 크게 다르지 않습니다.

오늘의 일상은 석유가 만들었는데, 어떤 사람은 '축제'로 표현해요. 인간이 행복하게 살았던 역사, 30만 년이라는데, 역사로 기록된 기간은 5천 년 정도 됩니다. 그중 석유가 빚은 일상은 기껏해야 100년 정도? 인류의 역사를 1년으로 따지면 석유가 빚은 역사의 시간은 몇 분 정도에 불과합니다. 우리는 지금 돈을 모아 저축하고, 옷과 음식을 마련하면서 석유가 연출하는 일상을 탐닉하는 중이죠. 그런데 광란의 축제가 끝나가요. 잔치가 지나치게 화려하면 깡패가 오잖아요? 그렇듯 코로나19가 왔어요. 그렇다면 축제를 접고, 진짜 일상, 이웃과 행복하던 본연의 일상으로 돌아가야 하는데, 우리는 잔치를 고집하는 거죠. 김누리 교수는 그렇지 않다고 외치네요. 우리의 일상은 그런 삶이 아니다. 원래 살았던 일상을 회복하자는 겁니다.

홍미영 그렇게 설명하니까 이해가 쉽네요. 30만 년 인간의 역사, 또는 5천 년 기록된 역사를 1년으로 비유하면, 석유가 주는 편의를 누리면서 살았던 시간은 몇 분에 지나지 않는데, 하루 파티를 위해 긴 세월 가꾸었던 문화와 역사, 그리고 문명을 마구 파괴되고 있으니, 이제 본연의 일상을 회복하자는 것이 '라이피즘'이로군요. 그런데 김누리 교수는 석유를 이용한 자본주의, 미국을 중심으로 한 '야수 자본주의'가 문제를 일으켰다면서 그 야수가 사람을 잡아먹는다고 표현했어요.

박병상 한 미래학자가 얼마 전, 우리나라에 와서 '한국이 선진국 되려 하지 말아라. 선도해 달라'고 당부한 적이 있어요. 의미가 있는 이야기입니다. 모든 걸 선도할 필요는 없겠지만, 우리가 사는 방식에 대한 반성에 이어 새로워질 삶을 선도하는 자세는 중요합니다. 하지만 우리는 여전히 선진국 타령하네요. 자본주의가 우리의 삶을 부유하게 끌어왔으니 덮어놓고 긍정적으로 평가합니다. 늦게 나마 선진국에 편입될 만큼 압축적으로 성장했는데. 그림자가 짙어요. 자살률이 끔찍한 사회, 효율화로 포장하는 자본주의는 김누리 교수의 지적처럼 야수 자본주의라 할 수 있는 거죠.

효율화라는 것은 인력과 장비를 적게 동원해서 높은 효과를 난다는 의미인데, 누가 그 혜택을 차지할까요? '능력주의' 다시 말해 정의롭지 못한 수단으로 권력을 차지한 능력자가 이권을 독차지하는 효율화입니다. 타당할까요? 과정에서 소외되는 사람이 많을 수밖에 없어요. 극단적인 소외에 이르면, 자살로 생을 마감하는 상황으로 내몰죠. 자살률이 세계 최고인 우리나라에서 벌어지는 현상입니다. 본래 그러지 않았잖아요? 지금과 같지 않은 삶, 본연의 삶을 '라이피즘'이라고 학자는 간략하게는 요약했습니다. 누구도 소외되지 않고, 아무도 파괴되지 않는 삶, 생태계든 사람의 마음이든, 파괴되지 않는 삶으로 돌아가자. 그것이 '라이피즘'이라는 겁니다.

우리 조상이 살았던 삶, '생태'는 다양성이 배려된다는 의미를 가집니다. 개성이 배려되는 것. 능력자의 기준으로 못났든 잘났든, 돈이 많고 적음과 관계없이, 모든 사람은 사회에서 제 역할이 있습니다. 서로 기대하고 배려하고 북돋는 삶이죠. 어렸을 때를 떠올리면, 동네마다 말과 행동이 어눌한 이웃이 있었어요. 그래도 동네는 그를 배려했어요. 그가 하는 일이 마을에 있었어요. 그런데 어느 순간부터 그들을 빼냈어요. 정신병원에 가둔다든지, 보이지 않는 곳으로…. 그런 식으로 멋진 모습만 신기루처럼 보여주려고 강압한 것인데, 이제 생각해보니, 아닌 거죠. 그들도 함께 사는 삶으로 되돌아가자고 손을 내미는 삶, 바로 생태적인 삶이겠죠.

홍미영 미국식 자본주의를 우리가 맹목적으로 추종하고 효율성을 강조하는 '능력주의'가 소중한 이웃을 소외시켜 왔고, 이에 따른 우울증과 높은 자살률이 늘어나는 양상이 요사이 한국에 나타나게 되었다는 말씀으로 들립니다. 한쪽에서 남부럽지 않게 수준의 삶을 즐긴다고 뿌듯해하지만, 다른 한쪽에 세계 최고의 자살률 같은 어두운 면을 가지고 있는 거죠. 이런 문제는 라이피즘으로 풀어가자는 제안입니다. 어려운 처지에 있는 사람도 자신의 역할을 할 수 있도록, 사회가 보듬어 주는 생태적인 삶으로 돌아가자는 말씀이네요. 선진국보다는 선도적인 나라가 되도록 노력하는 것이 이 야수 자본주의를 극복하는 방법이라고 이렇게 정리하니, 이해에 많은 도움이 됩니다. 그럼 생태적 삶으로 돌아가기 위해 우리는 어떤 것을 할 수 있을까요?

박병상 코로나19로 많은 생명을 잃은 이탈리아 롬바르디아(Lombardia)라는 곳을 보겠습니다. 이탈리아에서 가장 부유한 지역인 롬바르디아의 요양원에서 가장 많은 사람이 사망했어요. 요양원이야말로 비대면의 전형이죠. 식구와 이웃에게 몸과 마음을 주고받기 어려운 사회 분위기를 반영합니다. 차라리 떨어져서 살아보자는, 어느새 이기적으로 변한 우리가 코로나19에 대처하는 방법입니다. 내 가족, 나를 키워준 분들이 나이 들면서 몸이 쇠약해졌어도 지혜와 축적한 지식이 많은데, 시대에 뒤떨어져 소용이 없으니 폐기하는 거죠. 나이 들어 비효율적이니까요. 효율이라는 잣대로 노인을 평가하고, 귀찮으니 보이지 않는 장소에 숨겨 놓았는데, 거기에 코로나19가 퍼졌습니다. 지나친 해석인가요? 저는 대면사회 극복이야말로 코로나19를 비롯한 감염병에 대한 진정한 대책으로 생각합니다. 아픈 가족과 대화하며 살피고, 치유하려고 노력하는 사회는 건강합니다. 어떤 감염병도 코로나19처럼 번지지 못해요.

커피숍에 가면 아이스냐 아니냐 이외에 선택할 다양성이 없어요. 틀에 박힌 메뉴입니다. 식당도 마찬가지입니다. 내가 선택할 수 있는 것은 그저 제공된 메뉴뿐입니다. 다국적기업이나 대기업이 정해놓고 '이거 아니면 굶어야 해!'라며 체계화해놓은 비대면 사회에 적응돼 살거든요. 인간은 대면사회에서 수십만 년을 살아왔는데, 아름답고 따뜻한 삶을 비효율이라는 멍에를 씌우고 돌봄을 남에게 맡긴 거예요. 집과 마을에서 나누던 일을 병원이나 요양원에 맡기면서 감염이 쉽게 확산한 현상으로 생각합니다.

홍미영 궁극적으로는 어르신을 요양원에서 집으로 모시거나, 다양한 음료를 선택할 수 있도록 삶의 방식을 전환하는 것이 우리의 지향이긴 하겠지만, 당장 실천하기 어려운 게 현실이라 마음 아픕니다. 비대면의 효율성보다 대면의 공동체성을 구현하기 위해 우리가 실천할 수 있는 모습, 구체적인 삶은 어떤 것일까요?

박병상 현재 우리가 처한 상황에서 찾아봐야겠죠. 인천을 보자면 손바닥만 한 농지도 갯벌도 없애버렸는데, 무엇을 할 수 있을까요? 하지만 찾을 수 있습니다. 인천에 많은 섬이 있어요. 섬과 연대해서 청정지역에서 재배한 농산물을 먹을 수 있습니다. 어려울 때 찾아가서 농사를 돕는다든지, 그 외에도 여러 방법이 있는데, 아주 비효율적이겠죠.

홍미영 박병상 대표가 얘기한 대로 내 생활, 우리 지역에서 어떻게 생태적 삶을 만들어갈까를 새삼 생각하는 것을 숙제로 삼기로 하고요. 요즘 '도시농부'라는 프로그램이 있는데 거기서 아주 열심히 하는 사람이 많아요. 작은 텃밭을 일구고, 수확물을 나누는 따뜻함을 사회적협동조합으로 진행하는데, 그런 것이 우리가 해볼 수 있는 실천 중의 하나일 것 같습니다. 우루과이의 호세 무히카(Jose Mujica) 대통령이 2012년 UN 지속가능위원회에서 한 연설이 여전히 회자됩니다. 그분의 책을 읽으며 메모했지요. 우리가 이야기한 라이피즘, 이미 10여 년 전부터 무히카 대통령이 주장했어요.

발전은 인간의 행복을 위해 존재해야 하고
지구를 사랑하고 다음 세대를 보호하고
자식을 돌보고 이웃과 사귀는 것이 뒷받침되는 발전이어야 한다.

고등학교도 졸업하지 못한, 가난한 대통령의 철학적 말

쯤이 오늘 우리가 이야기 나눈 라이피즘 철학이라고 생각합니다. 재산이라고 낡은 자동차 한 대뿐이지만, 넓은 마당에 야생화가 피고 아이들이 들어와서 놀 수 있는 삶. 박병상 대표가 이야기한 생태적 삶을 실현한 대통령이라고 생각해, 다시금 떠올립니다.

3

좋은 쌀,
지속 가능한 농업은 지역에 있다

홍미영 오늘 우리는 강화도에 왔습니다. 강화는 쌀로 유명한데, 유기농 친환경 농업을 하면서 많은 어린이와 학생에게 건강한 음식을 나누려고 무상급식 운동을 하는 인천광역시 친환경농업회 김정택 회장을 모시고, 자택 앞에서 대화를 나누게 되었습니다.

강화라는 지역이 우리 삶에 어떤 의미를 갖는지, 코로나19 시대에 어떤 역할을 해왔는지, 앞으로 담당할 역할은 어떻게 중요한지, 의견을 나누려고 합니다. 황금 들판은 수확을 마쳤고, 배추를 비롯해 여러 밭작물을 심을 때입니다. 우리의 삶, 농업, 지구, 그리고 미래세대를 생각하

GUEST **김정택** 강화친환경농업농민회 이사장

며 방송을 진행하려고 합니다. 25년 넘게 강화에서 친환경 농업을 고집한 김정택 회장과 늘 조언을 아끼지 않는 박병상 대표가 함께합니다.

반겨주신 김정택 회장의 따뜻함이 다가옵니다. 까치 소리가 들리는 마당에 고양이와 강아지가 보입니다. 뜰에 코스모스가 피었으니 강화의 품에 안겼네요. 코로나19를 계기로, 별생각 없이 살아온 삶을 반성적으로 새기고, 앞으로 살아갈 방향을 고민하는 기회가 되었으면 합니다. 먼저 강화에서 활동한 경험과 유기농업으로 전환한 계기를 전해주세요.

김정택 연수구에 살 때, 저는 아주머니들과 더불어 건강한 생활을 꾸려가려고 노력했습니다. 보시다시피 지금 살이 좀 올랐지만, 처음으로 인천에 요가를 보급한 장본인입니다. 단식을 지도하고, 좋은 먹거리를 어떻게 나눌 것인지를 식이요법으로 강의했습니다. 그러던 중, 어느 날, 저에게 "네가 이걸 생산하지 않고 어떻게 좋은 먹거리라고 할 수 있느냐?"라는 물음이 뇌리를 흔들었고, 이어 깨달음이 찾아왔습니다. 제게 큰 충격이었습니다. 더는 이렇게 살 수 없다는 생각이 들었어요. 해결책이 필요했죠. 가평에서 단식하며 고민하다 '농사로 수련해야겠다'

라는 다짐으로 이어졌고 결심했습니다. 봉화에서 한동안 농사를 직접 짓던 중에, 오래 살아온 인천으로 돌아와서, 주변의 농촌에서 도시 사람들이 체험으로 농심을 느끼게 하고 싶었습니다. 그래서 강화도로 오게 되었습니다.

친환경 유기농업을 해야겠다는 사명감으로 왔습니다만, 벼농사 지역이라는 사실에 살짝 당황했습니다. 농민과 더불어 행동하려던 저도 벼농사를 지어야겠다고 맘먹었지요. 그래서 벼농사부터 시작했고, 당연히 제초제를 사용하지 않으려고 결심했어요. 제초제를 사용하지 않으려니 농민에게 풀(잡초)이 큰 문제라는 걸 피부로 느꼈습니다. 대안을 찾고 싶었죠. 청둥오리 농법을 생각했습니다. 어린 청둥오리를 풀어놓으면 벼와 자라면서 풀을 먹어요. 잡초를 제거하는 겁니다. 오리들이 흙탕을 만들면 햇빛이 들어오지 못하는 논에 풀이 성장하지 못합니다. 자연을 닮는 방식이죠.

청둥오리 농사짓는데, 조류인플루엔자가 침입했네요. 하는 수 없이, 우렁이 농법으로 전환했습니다. 사실 농민에게 청둥오리 농법은 힘든 작업입니다. 도망하지 못하게 망을 치고, 침 흘리며 다가오는 개와 고양이를 막아야 했죠. 적당한 오리 사료를 공급하는 비용도 만만

벼농사를 지어야겠다고 맘먹으며

제초제를 사용하지 않으려고 결심했어요.

청둥오리 농법을 생각했습니다.

어린 청둥오리를 풀어놓으면 잡초를 먹어서 제거하며 자랍니다.

자연을 닮는 방식이죠.

치 않아요. 우렁이 방법은 색다른 대안이었습니다. 한 번 넣으면 끝이니, 관리가 간편하거든요. 물속의 풀을 먹으며 잘 자라는 모습을 확인한 이웃도 우렁이 농법을 시도하더군요. 우렁이 농법이 늘어나면서 강화의 쌀 생산량도 늘었습니다. 처음 한살림과 계약 판매하다, 학교 급식까지 쌀을 공급하게 되었습니다.

홍미영 현장에서 이웃과 방법을 긍정적으로 찾아서 유기농업을 진행해온 경험이 흥미로워요. 물질적 보상을 전부로 여기는 생활과 다른, 어른의 모습으로 보입니다. 청둥오리에서 우렁이로, 쉽지 않은 과정을 편히 말씀하셨는데, 박 대표가 이어주세요.

박병상 편안하게 말씀하셨지만, 사실 많은 시행착오와 고생의 연속이셨죠. 겉보기에 편안한 할아버지 모습이지만, 김정택 회장은 인천의 여러 산업체 노동자들이 힘들던 시절에 고통을 나눴습니다. 설명하기 어려운 군사정권의 압박과 탄압받던 시절을 감내해야 했습니다. 목사라고 부르니, 목사임이 틀림없는데, 목회는 하지 않지요? 하나님께서 어떤 길을 내어주신 것 같아요. 지금까지 이어온 경험에 큰 의미가 있다고 느낍니다. 농사는 생명을 살리는 일이어야 하건만, 산업화, 효율화에 기대면서 자연을 죽이는 과정이 된 현실을 인식하고 삶을 바꾸셨으니까요. 농민도 살리고, 아이도 살려야 한다는 생각으로, 행동에 나섰는데, 현재 강화뿐 아니라 인천에 없으면 안 될 분이 되었습니다.

김정택 제가 이렇게 이야기하니까, 어떤 깨달음이 오는 것 같습니다. 사실 현실에서 열심히 살다 보면 그렇게 됩니다. 집사람이 인천에서 어린이집을 최초로 운영했는데, 당시에는 탁아소라고 불렀습니다. 대부분 부부가 맞벌이로 공장에서 일했으니까요. 누군가 애들을 돌봐야 했는데, 해본 사람이 제 집사람밖에 없었어요. 그래서 우리 아파트가 탁아소가 되었습니다. 그때 애들에게 가장 중요한 것이 먹을거리라는 것을 깨달았습니다. 영아기에는 먹는 음식에 독성이 있으면 뇌와 뼈에 영향을 미치기 때문에, 정말 좋은 먹거리를 주어야 한다고 생각하게 되었죠.

홍미영 경험으로 체득한 정말 깊이 있는 생각입니다. 회장님이 삶의 가치를 중시하며, 미래를 내다보며 활동한 것이 방송을 보는 분에게 본보기가 될 겁니다. 강화는 생태적으로도 매우 귀한 곳입니다. 앞으로 친환경 농업과 안전한 먹거리를 통해 어떻게 코로나19 이후를 대비해야 할까요?

김정택 제가 강화도에 올 때 바다에 대해서 크게 생각하지 않았습니다. 그저 벼농사를 짓는데, 봄에 저어새가 나타나는 겁니다. 관심을 기울이는데, 세계적으로 천여 마리밖에 남지 않았다고 하더군요. 가을에 대만으로 가고 번식을 위해 봄에 강화로 오는데, 새끼에게 바닷물고기를 주면 안 된다고 해요. 저어새가 논에서 미꾸라지 잡아가는 모습을 보고 '농부가 저어새를 죽여왔다.'라는 사실을 깨달았습니다. 제초제와 살충제 같은 농약 뿌리면서 논에 사는 민물고기를 없애버렸으니까요. 자신도 모르게 농민이 자연의 생명을 죽여왔다는 것을 알게 되었습니다. 겉보기 좋은 농산물을 원하는 소비자에 맞춰 유기농업에 나섰지만, 깨달음이 생긴 것입니다. 전후 사정이 어찌 되었든, '농민도 죄인이 아닌가? 사람만 생각하다 자연의 생명을 죽여온 존재가 되었구나, 소비자뿐 아니라 생산자인 농민까지, 모든 사람은 자연의 생명을 죽여왔구나.' 느끼는 순간 아팠고, 뭔가 생각이 넓어지더라고요.

그런 생각을 넘어 바다를 바라보고, 갯벌로 생각이 이어지더군요. 강화의 드넓은 논은 사실 갯벌을 기반으로 만들었으니까요. 갯벌은 어떻게 형성되었는지 생각하면, 아득합니다. 육지에서 쏟아진 좋은 흙이 강물을 따라 오랜 시간 강화도 인근으로 흘러왔잖아요. 북한의 해안과

강, 그리고 임진강과 한강을 거쳐 갯벌이 펼쳐진 것이죠. '숱한 미네랄을 비롯해 육지의 유용한 유기물을 모아와서 강화도의 갯벌이 만들어진 것이구나!' 하는 깨달음으로 이어지게 되었습니다. 코로나19가 닥치자 여러 문제가 생겼지만, 동시에 각성의 기회도 주는 것 같습니다. 코로나19 이전부터 친환경 쌀과 농산물이 학교로 많이 들어갔습니다. 여러 지방자치단체도 아이에게 좋은 음식을 제공하기 위해 예산을 늘리곤 했지요. 하지만 코로나19로 아이들이 학교에 가지 않게 되었잖아요. 집에만 있으니 결국, 배달 음식이나 가공식품을 사먹는 일이 늘었죠.

그러자 몸이 건강하지 못해졌는데, 긍정적으로 가정에서 요리할 기회도 많아지게 되었습니다. 무엇을 먹을지 부모가 고민하게 되고, 제대로 재배한 농산물을 위해 생협에서 좋은 식자재를 구매해 집에서 요리하면서 다른 생각을 의미 있게 할 기회가 생기는 것이죠. 요즘은 가정에서 활발하게 요리합니다. 가족이 함께 나눌 건강한 음식을 먹고, 화목한 가정을 만드는 것이 새롭게 찾아온 기회가 되었습니다. 위기는 언제나 위기가 아니더군요. 긍정적으로 활용하면 바람직한 기회로 바꿀 수 있습니다. 그 과장에서 자연스럽게 농민과 만나고, 생산자와 직거래하면서 생산에 대해서도 고민하게 되죠. 더 많이 배우게 됩니다. 여러 가지로 건강한 변화가 일어날 수 있습니다. 상황을 부정적으로만 보지 말고, 긍정적으로 생각하며 앞으로 나아가면 길이 열릴 것으로 생각합니다.

박병상 강화와 다르게 인천은 아주 삭막해졌습니다. 갯벌을 거의 없애버렸고, 그 자리에 콘크리트와 아스팔트로 덮었습니다. 고층빌딩으로 하늘이 좁아졌어요. 이런 상황에서 김정택 회장은 도시인이 버리는 음식 쓰레기를 가져와서 닭에게 먹이로 주는 일을 생태운동의 일환으로 행동한 적 있습니다. 버리기 직전의 산란계를 살려냈고, 그 닭이 낳은 달걀을 도시인이 가져가도록 유도한 행동이었죠. 음식 쓰레기를 줄이고 소비자의 몸을 건강하게 하는 농업입니다. 체험의 중요성을 일깨워주죠. 자연과 자신이 연결되었다는 걸 느끼는 겁니다. 위기는 곧 기회라는 사실을 짚어 주었습니다.

홍미영 시간이 많으면 김정택 회장의 경험과 미래 비전을 더 듣고 싶습니다. 오늘 23년 된 황토집에서 다양한 곤충과 동물이 어울려 사는 모습을 보며 열정적인 말씀을 나누었습니다. 코로나19는 조류인플루엔자나 메르스와 다릅니다. 백신으로 완전히 사라질 것 같지 않습니다. 바이러스도 인류와 함께 진화한다고 하니, 우리도 새로운 일상을 찾아야 합니다. 다만 어려운 시기가 길어지니 '코로나 우울(COVID-19 Blue)'이라는 용어가 생겼습니다. 이럴 때 강화에 와서 하늘을 보며 자연을 느끼고, 농사를 체험할 것을 권하고 싶어요. 우울을 극복할 방법이 되겠죠.

얼마 전에 '멍때림'이라는 이름의 치유 공간이 강화에 생겼다고 해서 오는 길에 들렀습니다. 마음이 풀리더군요. 어려운 상황이지만, 실천하며 스트레스를 푸는 방법을 모색해 봅시다. 갯벌 위로 떨어지는 일몰을 보며, 오늘의 활동이 내일의 희망이 되기를 기원해 봅시다. 정신적, 경제적으로 위기인 지금, 김정택 회장의 말씀처럼, 위기를 기회로 바꾸고, 사랑과 함께 공동체를 이루어 나가는 다짐을 해봅니다. 감사합니다.

4

문화마저 비대면 언택트라니…

홍미영 오늘 주제는 비대면, 그러니까 언택트(untact)에 관한 건데요. 방송 시작 전에 이연성 성악가께서 "코로나 블루" 시기에 힘내기 좋은 곡을 연주하셨습니다. 이연성 성악가는 4대째 인천 토박인데, 러시아 모스크바 음악원을 좋아했고 푸틴 대통령에게 훈장을 받았습니다. 세계적 성악곡인 러시아 곡을 인천에 안내하는 역할을 하는데, 푸틴 대통령 방한했을 때 청와대에서 공연했다고 들었습니다. 오늘 손님으로 함께합니다.

오늘의 주제, '비대면 언택트' 들어보셨죠? 코로나19 상황이라, 학교 수업이나 동아리 활동뿐 아니라 공연도 온

GUEST **이연성** 성악가

라인으로 한다고 합니다. 물건도 온라인 비대면으로 구하고, 취업 면접도 비대면인데, 심지어 요양원의 부모님 면회도 비대면이라 합니다. "코로나 블루"를 가장 크게 겪는 사람이 예술가일 텐데, 예술가 처지에서 어떻습니까?

이연성 올해가 한국 러시아 수교 30주년이고 러시아 승전 75주년, 차이콥스키 탄생 180주년입니다. 기념행사로 1년이 꽉 차 있었는데, 올스톱, 제로가 되어버렸죠. 저와 관련 있는 행사만 말씀드린 것이고, 예술 전반, 특히 무대예술을 하는 사람에게 한 해가 없어졌다고 보면 됩니다. 승전 75주년을 맞아 세계 120여 국가의 정상을 러시아 붉은광장에 모시는 행사가 준비돼 있었습니다. 100여 음악가가 승전 노래를 부르는 공연이었고 제가 유일하게 한국 초청자였습니다. 5월 9일 개최가 7월로 연기되더니 다시 9월 6일에 행사한다고 연락이 왔습니다. 최종이라는데, 불확실한 상황입니다.

언택트 방식으로 공연예술, 무대예술을 하는 처지에서, '한국과 러시아의 공연예술에 어떤 차이가 있을까?' 생각해봤습니다. 유학할 때 스타인슬랍스키 오페라극장 단원으로 일하면서 느낀 것인데, 러시아는 공간과 예술이 더불어 간다는 특징이 있었습니다. 오페라극장 오페라단이 있는 게 당연한데, 이상했어요. 한국 돌아오니 예술의전당 오페라극장에는 오페라단이 없는 겁니다. 오케스트라도 없어요. 그저 대관으로 공연합니다. 기획 공연은 있지만, 단장과 사무직원만 있고 단원이 없으니, 초청 공연 일색이죠. 예술공간에 예술가라는 개념이 없어요.

코로나19를 맞은 지금은 당연히 비대면으로 진행되고 있네요, 공간과 분리된 예술이 과연 비대면으로 이루어질 수 있을까 우려하게 됩니다. 요사이 러시아도 어쩔 수 없이 온라인으로 공연하지만, 이런 상황에서 공연예술의 가치를 살릴 수 있을까요?

홍미영 건축, 공간 기획의 전문가인 황순우 소장이 오셨습니다, 공간의 개념에 대한 황 소장의 의견을 듣고 싶습니다.

황순우 저 역시 요즘 공연하는 분들이 가장 혼란스러운 일상을 맞을 거로 생각합니다. 무엇이든 온라인으로 대처하는 상황에 급급하니, 공간에 대한 해석이나 앞으로 다가올 상황에 대한 진지한 계획은 뒷전으로 밀려있네요. 저도 비대면 강의에 매달립니다. 교실에서 강의할 때, 공감하는 학생의 반응이 이어지니까 신나고 시간이 부족했는데, 요즘은 아닙니다. 한참 떠들다 혼자 강의하고 있는,

코로나로 인해 텅빈 상영관.
우리 자녀 세대를 통상 인터넷 세대, 디지털 세대로 부르는데,
코로나19 이후 세대는 아마 "코로나 세대"라고 불릴 것입니다.

굉장히 이상한 상황을 직면합니다. 요즘 들은 얘기가 있는데, 집에서 너무 열심히 일하게 된다는 겁니다. 그간 회사에서 놀기만 했나? '공간과 환경이 우리 삶을 계속 들여다보는 것은 아닐까?' 그렇다면 우리가 앞으로 만들어갈 공간은 어떤 것이어야 할요? 진지하게 질문해볼 때입니다.

지금 우리가 보는 언택트 공연, 온라인 시스템으로 전달하는 체계가 과연 온전히 예술적 공감을 자아낼 수 있을까? 예술이 갖는 속성을 담아낼 수 있을까? 공간이 시스템을 변화시킬 수 있게, 진화하는 공간을 구상해야 합니다. 예배드릴 때 과거에는 3천석 짜리 예배당만 상상할 수 있었다면, 이제 어떤 때는 100석으로 만들고, 어떤 때는 변화되어 합해지는 예배당을 상상해볼 수 있을 겁니다. 이렇듯 예술공간도 상황에 따라 변할 수 있어야 하고, 공간에 의해 제한되기보다 우리가 공간을 움직이는 시스템이 되어야 한다는 생각으로 이어집니다. 가치가 변하면 일상도 변한다는 것을 경험했는데, 지금 일상의 변화 속에서 새로운 가치들이 탄생하는 영향을 봅니다. 일하고, 놀고, 물건 사고, 여행하면 이런 것들로 인해 사고가 바뀌기 시작한 거죠.

홍미영 변하는 일상으로 새로운 가치가 만들어지는 세상을 마주하며 걱정되는 점은 이러한 경제적 가치와 효율성에 의해 우리가 도구화될 수 있겠다는 것입니다. 새로운 생활 방식이 도시를 재구성하고 산업을 개편하면서 부작용도 발생할 것이기 때문입니다. 코로나19 이후 효율성 중심의 사회구조는 큰 기업들이 앞서나가기 유리한 구조겠죠. 경제 권력이 앞서나가며 무언가 추구하려 할 것은 분명합니다. 우리가 마주하는 변화된 일상과 경제 권력에 대한 단골손님 박병상 대표의 의견을 듣고 싶습니다.

박병상 얼마 전에 모처럼 강의했는데, 비대면이었습니다. 비대면에 어느덧 익숙해진 제 모습에 당황스럽더라고요. '내가 왜 이런 상황에 익숙해야 하나?' 대학교 강의를 언택트로 바꾼다면 하버드 정원이 5천만 명으로 확대할 수 있다고 합니다. 그런 강의로 대학은 인격체를 키우기보다 지식인을 만드는 공장, 도구 같은 인간을 양산할 겁니다. 나사(bolt) 같은 부품형 인간을 제조하는 데에 효율적이겠죠. 자신의 의지는 완벽히 배제되고 남에 종속되는 거죠. 다국적기업, 빅브라더에 의해 언제 태어나 어떤 공부를 하고, 어느 대학을 거쳐 어떤 기업에서 무슨 일을 할지, 표준화된 성공을 좇아야 하는 시스템인 겁니다.

이웃이나 친구가 아프다면 찾아가서 다독이며 걱정하고, 함께 고민하는 게 인간인데, 그저 '병원에 가야지.'라는 조언이 전부인 인간관계가 최선이 되었습니다. 질병으로 생명을 잃을 수 있지만, 주변 사람의 진심 어린 걱정과 간호로 환자 스스로 일어서는 경우도 많은데, 주어질 체제에 길들었네요. 효율적인 사회는 희생될 사람과 아닌 사람을 나눕니다. 치료하면 나을 사람과 치료해도 소용없는 사람으로 구별합니다. 관계가 끊어진 틈으로 코로나19 같은 질병이 비행기를 타고 스며들고 고속도로를 타고 확산한 것입니다. 간디는 '70만 개의 마을로 형성된 인도'를 말했습니다. '마을이 세계를 구한다.'라는 말도 했습니다. 멀지 않은 우리의 모습인데, 여전했다면 감염병은 마을을 벗어나지 않았을 거로 생각합니다. 마을이 치유해 주었을 것입니다.

홍미영 자본주의가 만들어낸 시스템이 코로나19 사태를 만들어냈다는 진단이었습니다. 박병상 대표는 대면을 두려워하지 않는 공동체 사회의 철학과 가치를 말씀해주셨고, 황순우 소장은 공간의 변화, 경직된 정형화가 수요자와 행위자의 필요한 상황에 능동적으로 맞추는 공간을 말씀해주었습니다.

박병상 일본에서 생활협동조합 운동을 하는 분이 주장한 건데요. 'FEC 자급권'이라는 말이 있어요. 음식(food), 에너지(energy) 그리고 돌봄(care)은 지역에서 해결되어야 한다는 의미에요. 지역과 공동체 자립을 위한 중요한 조건일 것입니다.

황순우 저희 자녀 세대는 통상 인터넷 세대, 디지털 세대로 부르는데, 코로나19 이후 세대는 아마 "코로나 세대"라고 불릴 것입니다. 이 세대는 훨씬 더 시스템화된 다국적기업 주도의 사회구조 속에서 살아가게 되지 않을까? 하는 생각에, 많이 걱정됩니다.

홍미영 문제의식을 내놓고 공동의 대안을 모색하는 일이 가치 있습니다. 지난 5월 말 코로나19가 한창인 프랑스에서 지방선거가 있었습니다. 파리시장에 안 이달고(Anne Hidalgo) 사회당 후보, 마르세유시장에 미셸 뤼비롤라(Michèle Rubirola)가 당선되었습니다. 모두 여성 정치인인데, 큰 변화를 가져왔다고 합니다. 이달고 시장의 공약은 자동차 속도를 30㎞로 제한하겠다는 것이었습니다. 파리 시내 주차장의 반을 없애고, 그 자리에 텃밭을 만들겠다고 했습니다. 우리가 얘기하는 자급자족의 이야기와 일맥상통하죠. 파리시민이 이러한 변화에 투표했다는 사실이 가슴 벅차게 합니다. '새로운 일상을 여는 사람들'을 함께하면서 우리의 변화도 꿈꿔봅니다.

5

코로나19 이후 붕괴할 신화, 그리고 장소

홍미영 8월을 맞아 강화 출신의 큰 정치인, 죽산 조봉암 선생의 61번째 기일(7월 31일)을 상기합니다. 정치인이자 사회혁명가로서나 큰 가르침을 남긴 조봉암 선생은 이승만 정권에 위협적이었기에 4·19혁명 몇 개월 전 간첩 혐의를 씌워 사형을 집행했습니다. 1959년 7월 31일입니다. 3·1운동을 비롯해, 6·10만세 운동과 독립을 위한 항일 운동에 치열하셨고 해방 이후에 인천 출신으로 초대 제헌의원과 초대 농림부장관, 그리고 국회의원을 두 번 역임하면서 부의장을 맡았을 뿐 아니라 대통령 후보로 두 번 나섰는데 무참하게 희생되었어요. 대통령 선거에서 2위

GUEST **이애정** 북살롱 서담재 대표 **황순우** 바인건축사무소 소장

를 했을 만큼 신망이 높았기에 이승만 정권은 위협을 느꼈을 겁니다. 사후 52년, 2011년 대법원에서 전원일치 무죄 판결받았습니다. 누명을 벗은 거죠. 해마다 망우리 공동묘지에서 쓸쓸한 추모제를 지냈는데 2011년부터 유지를 받들자는 취지로 공식 추모제가 열립니다. 죽산 조봉암 선생이 남긴 말씀을 다시금 새깁니다.

"우리가 독립운동을 할 때 돈이 준비되어서 한 것도 아니고 가능성이 있어서 한 것도 아니다. 옳은 일이기에 또 아니하고서는 안 될 일이기에 목숨을 걸고 싸웠지 아니하냐."

코로나 사태와 기후재앙처럼 지구가 파멸로 가는 상황을 맞닥뜨리면서 되새길 말씀입니다. 마침 이 자리는 일제강점기의 적산가옥인데, 도시재생으로 갤러리로 변신했죠. 1935년 일본 기업이 관사로 사용한 여기는 홍예문에서 가깝습니다. 시대에 맞는 재생은 건축가 황순우 소장이 맡았고 2015년부터 이애정 관장이 문화 사랑방으로 활용하고 있습니다. 이 관장도 초대손님으로 모셨습니다.

코로나19로 국공립 전시관과 갤러리가 폐쇄된 상황에서, 이런 공간을 '새로운 일상을 여는 사람들'의 관점으로 바라볼 필요가 있다고 생각합니다. 이해정 관장과 황 소장, 그리고 박병상 대표와 "신화의 붕괴"라는 주제로 대화를 나누려고 합니다. 주제에 대해 궁금할 텐데, 이야기를 이으면 공감할 겁입니다. 흔히 신화라면, 그리스와 로마 신화부터 생각합니다. 제우스를 비롯해 다채로운 신들의 이야기가 실존처럼 전개되던 시절, 세상을 움직이는 거대한 논리가 존재했습니다. 중세에 이르러 신화는 기독교로 거듭났고, 현대 신화는 돈과 값비싼 물체가 주도한다고 볼 수 있겠습니다. 황 소장은 현대 신화는 어떻게 붕괴하고 우리는 붕괴에 어떻게 대처해야 할지 귀띔해주실 수 있겠죠?

황순우 저는 신화를 초등학교 때 너무 재밌게 읽었던 옛날이야기라고 느낍니다. 신화가 존재하기 위해 초자연적인 힘을 가진 신들의 존재와 그들을 믿고 추앙하는 사람들이 필요할 하다고 생각해봅니다. 요즘 신화는 어떤 것일까요? 사람에게 증권계의 귀재 워런 버핏 같이 친근하고 우수한 인물이 등장할 수 있을 것입니다. 나아가 현재의 고급 아파트도 그런 대상에 들어갈 수 있겠군요.
코로나19 이후 이탈리아 베네치아의 바닷물이 맑아졌다는 소식을 들었습니다. 사회가 맑아지면 허황하고 불투

기존의 대형 시설은 지역의 문화 욕구를
살갑게 해결하지는 못했습니다.
코로나19가 닥치자 규모를 따지며
전시관이나 공연을 찾던 문화인이 지역의 작은 공간을 찾아
활동하는 모습에 저도 감동했습니다.

명한 것이 투명하게 드러날 수 있다고 생각합니다. 신화로 여기던 다양한 허상이 붕괴할 가능성도 보입니다. 그중 대학에 대해 고민해 보았습니다. 저는 70년대에 대학에 입학했는데, 당시와 현재의 대학을 비교하면 건물에 큰 차이를 볼 수 있습니다. 예전에 넓은 캠퍼스가 있었지만, 지금은 건물로 가득 차 있습니다. 인구 감소로 대학이 축소돼 정리될 것으로 예상했건만, 건물은 계속 증가합니다. 코로나19로 변화가 일지 않을까요?

코로나19에 이어 '언택트' 개념을 주목하듯, 지식 전달을 담당하던 대학의 기능은 종료되고 정보는 다양한 매체를 통해 전달되는 경향성을 볼 수 있습니다. 대학은 변할 것입니다. 많은 건물로 기능하던 학위 장사와 건물 장사는 마감될 겁니다. 기숙사와 강의실도 비워야 할 상황으로 바뀌니까요. 건물 용도는 바뀌겠죠. 강의실을 아파트로 전환하자는 제안도 나올지 모릅니다. 돈벌이로 유혹할 테니까요.

홍미영 문화계에서 활동하는 이애정 관장께서 공공시설, 문화시설, 공연장 같은 덩치 큰 시설에 대해 고민이 많았을 텐데, 생각을 듣고 싶습니다.

이애정 오늘 대학이나 교회처럼, 그들이 차지하는 신적인 위치와 코로나19 이후의 변화에 대한 논의로 저도 이어가야겠군요. 본연의 정체성을 회복해야 한다는 말씀인데, 작은 문화공간에서 문화예술 활동을 지원하는 처지에서, 코로나19 시대를 지나며 공간에 대한 가치를 다시 생각하게 됩니다. 코로나19 시기를 거치며 이렇게 작고 소소한 것이 무척 중요하다는 사실을 깨달았습니다. 50평 정도의 공간을 5년 동안 운영해왔는데, 코로나19 시대를 지나며 오히려 활성화되는 느낌을 받았습니다. 작은 규모라도, 내용과 성과는 상당합니다.

대형 전시관이나 공연장 같은 시설이 감염 이유로 폐쇄되는 상황에서, 사람들은 여전히 문화와 예술적 욕구를 표출하며, 충족시킬 방법을 찾으려 주변을 탐색합니다. 해방구를 찾는 과정에서 가까운 곳에서 충족감을 구하며 만족한다는 사실을 알았습니다. 외면했던 장소에서 문화 욕구를 충족하는 경험은 소중했을 겁니다. 많은 분이 찾아와 만족해하며 힐링하는 모습을 보면서, 규모를 따지며 전시관이나 공연을 찾던 문화인이 지역의 작은 공간을 찾아와 활동하는 모습에 저도 감동하게 되었습니다. 외면했던 지역을 다시 생각하게 되었을 겁니다. 이런 상황을 겪으며, 힘들지만 5년 동안 버텨온 저 스스로 '의미 있는 일을 했구나.'라는 생각도 들었고요.

오늘 주제인 '신화의 붕괴' 관점에서, 기존의 대형 시설은 지역의 문화 욕구를 살갑게 해결하지는 못한다는 사실일 겁니다. 물론 부정적인 것이 아닙니다. 지역의 작은 문화시설은 필요한 존재라는 점을 확인한 것이니까요. 그러나 동시에 각인할 게 있습니다. 필요할 때 가까운 장소로 찾아가 만족과 힐링을 얻을 지역의 문화예술 공간은 반드시 존속해야 한다는 사실입니다.

황순우 이 관장이 서담제를 시간과 글이 있는 장소라고 소개하셨는데, 최근 인천 송도에 아트센터가 새롭게 등장했습니다. 또 구겐하임미술관(현대미술관, 뉴욕을 비롯해 전세계에 설립됨)이면 문화계에서 신화적인 건물로 여길 듯합니다. 많은 사람이 구겐하임을 유치하고자 했죠. 하지만 코로나19 이후에 문제가 발생했습니다. 대형시설은 수익을 위해 공연장은 1,500석 정도의 규모가 필요하다고 고정관념이 있는데, 관람석을 채우기 어렵거든요. 그런 규모는 운영 관리비용이 매년 200억 원 이상인데, 가능할지 확신할 수 없습니다. 규모를 과장한 시설로 도시의 성공을 과시하는 것은 물론이고 기업은 아파트 분양을 기대할 겁니다. 신화를 내세우며 지었지만, 코로나19가 부정한 셈인데, 거대한 문화시설 과욕은 결국 신자유주의적 영향입니다.

이러한 상황에서 서담제 같은 문화공간이 소중해졌습니다. 많은 사람이 필요성과 관심을 실증했으니까요. 이런 장소를 방문해 경험하고, 지역에 반드시 필요한 시설이라는 사실, 가고 싶은 장소로 각인한 게 틀림없습니다. 이런 변화들이 파급효과를 가져올 수 있습니다. 도시 전체로 긍정적 영향이 전파될 것으로 예상합니다.

홍미영 거대자본 중심으로 움직이던 신화가 코로나19를 계기로 무너지면서 작아도 소중한 공간이 대안으로 제시되네요. 비행기 타고 구겐하임 미술관을 찾는 과시보다, 지역에서 가까운 공간을 찾는 것이죠. 서담제처럼 오래된 집을 살갑게 변화시켜 소중히 여길 공동체의 문화공간으로 거듭났습니다. 큰 의미를 담는 장소라는 생각에 젖습니다.

박병상 다양한 생각을 하게 하네요. 근처 고등학교 다닌 제게 여기는 아련한 지역인데 최근 찾을 기회가 없었습니다. 아파트에서 태어나 아파트를 벗어나지 못하는 제 아이들도 여기에 올 기회가 없었죠. 소담제 주변 고등학교에 학생이 많지 않고, 성적이 떨어져 대학 진학률도 낮다고 평가합니다. 그래서 그랬을까요? 많은 동문이 학교를 사람 많은 곳, 아파트가 밀집된 곳으로 옮기자고 주장했습니다만, 저는 반대했죠. 동문회에서 비난의 대상이 되었지만, 저는 '장소'의 의미를 강조했습니다. 옮기다 뿌리가 훼손된 나무는 죽고 맙니다. 뿌리가 있는 장소의 기억은 소중합니다. 남아야 한다고 저는 믿거든요.

제대로 성장한 나무는 문화를 인식하는 시민과 더불어 장소에 남아 기억을 만들며 이웃과 대화하려고 노력합니다. 다른 곳으로 문화와 기억을 옮길 수 있을까요? 문화가 지워지면, 아침마다 타지로 출퇴근하는 상황을 안타깝게 생각하지 않아요. 기억이 남은 지역에 뿌리를 내릴 때 문화적 대화가 이어집니다. 지역의 이야기를 기억하며 이웃을 배려할 수 있다고 생각합니다. "신화", "신화"하는데, 저는 허상의 신화를 창조하는 곳이 바로 뿌리를 잃은 대학이라고 생각합니다. 사람들은 과학이 신화를 없앴다고 생각지만, 저는 오히려 과학이 신기루 신화를 만들고 있다고 봅니다. 엉망으로 만들어진 현재 상황에 대한 책임을 회피하려 할 뿐이기 때문입니다.

'인류세'라는 말, 인류가 지구 생태계를 엉망으로 파괴한 후, 인류가 사라질 운명이라는 주장입니다. 미래세대 앞에서 우리는 책임을 져야 하고, 반성하며 이웃의 삶을 돌아봐야 합니다. 하지만 과학은 "해결할 테니 나한테 연구비를 주세요." 요구할 따름입니다. 신기루를 창조하는 것입니다. 더 많은 예산을 요구하면서 더 큰 것이 필요하다고 주장할 뿐입니다. 기득권 유지를 위해 대학은 경쟁 상대를 무너뜨리고 승자가 되는 길을 안내합니다. 문화를 무너뜨리는 '능력주의'입니다. 낙오하는 자는 밑바닥 인생을 벗어내지 못한다는 거짓 신화와 함께요.

엉터리 신화를 창조하는 대학을 극복하지 않으면 포스트 코로나19 시대는 열리지 않을 것으로 저는 생각합니다. 신문에 등장하는 유명한 대학교수가 코로나19에 대해 의견을 제시하지만, 기득권 유지에 기를 쓰려는 모습입합니다. 20세기 중반 영국 경제학자 케네스 볼딩의 주장이 요즘들어 증명되고 있습니다. 현재 상황에서 경제성장은 불가능하다는 사실을 코로나19가 분명히 경고합니다. 우리는 대학이라는 신화를 극복하기 위한 논의가 필요합니다.

홍미영 이렇게 대화를 나누다 보니, 우리 뿌옇던 안개가 걷히고, 새로운 일상을 만들 길이 보이지 않습니까? 충분하진 않지만, 얘기 나누다 보니 벌써 시간이 다 간 것 같습니다. 마무리하면서 요즘 베스트셀러 한 권을 소개합니다. 《2050 거주 불능 지구》입니다. 뉴욕 매거진의 편집장, 데이비드 월러스 웰즈(David Wallace-Wells)가 쓴 이 책은 2019년 호주 국립기후센터 보고서를 근거로 주장합니다. 호주 국립기후보건센터는 "2050년, 30년 뒤에 핵전쟁보다 심각한 기후재앙이 올 것이다. 인류 멸망의 가장 큰 원인은 기후재앙이다."하고 주장한다는 거예요. 얼마 전부터 거대한 홍수, 기록적 가뭄과 산불이 끊임없지만, 그 강도가 더욱 심각해진다는 겁니다. 기후 난민이 걷잡지 못하게 발생할 거라네요. 유엔 역시 2050년 기후 난민을 5억으로 예측합니다. 《2050 거주 불능 지구》는 가슴 답답한 걱정스러운 얘기를 전하지만, 마지막 희망을 제시합니다.

"우리가 지금까지 지구를 파멸시킬 방법을 만들어냈다면 반대로 지구를 회복할 수 있는, 지구의 파멸을 막는 방법을 찾아낼 것이다"

책 메시지처럼 '새로운 일상을 열어가는 사람들'이 지구의 파멸을 막고 새롭게 복원해 가는 지혜를 모을 수 있기를 바라는 마음입니다. 8월 무더위가 이어질 텐데요. 그렇더라도 광복을 맞이하는 여름에 작은 실천이라도 꾸준히 해가길 바라고요.

6

코로나19 시대에 더욱 중요한 의료복지공동체

홍미영 2021년, 새해 첫 방송은 코로나19 시대에 더욱 소중해진 지역의 의료복지 공동체에 관한 얘기로 풀어갈까 합니다. 오래전부터 활동해온 모임, '인천평화의료복지사회적협동조합'을 찾았습니다. 이름이 길죠? '인천평화의료사협'으로 줄일게요. 인천 부평으로 들어오는 첫 마을인 일신동에 주민과 젊은 의사, 그리고 의대와 간호대생이 시민 활동가와 '평화의원'이라는 의료공동체를 만들고, 협동조합으로 꾸려가면서 30년 동안 주민과 건강한 마을 만들기 활동을 벌인 곳입니다. 30여 년 지나는 동안 한의원과 치과, 그리고 장애인을 돌보는 영역까지 확

GUEST **박양희** 인천평화의료사회적협동조합 대표

대했습니다. 박양희 이사장을 모시고 지역 의료복지공동체에서 어떤 활동을 이어왔는지, 코로나19 시국에 얼마나 소중한 활동이었는지 말씀 나누고자 합니다.

박양희 여기까지 와주시니 감사합니다. 인천평화의료사협 박양희입니다. 1996년 주민과 의료인의 출자로 인천평화의료생협을 출범했습니다. 함께 운영하며 이용하면서 조합원과 주민의 건강을 지키려 노력했죠. 현재 의원, 한의원, 치과, 검진 센터가 있는데, 조합원의 요구로 20년 동안 그때그때 출자했어요. 주민을 기다리지 않고 방문하는 활동을 이어갑니다. 조합원은 3천 세대가 넘었는데, 가정과 노인 방문간호, 장애인 방문간호를 하고요. 조합원의 건강 자치력 향상을 소모임 활동도 합니다. 친환경 물품을 쓰는 활동, 지역화폐 활동하는데, 코로나19를 맞아 가치가 중요해지네요. 힘닿는 대로 소외된 분을 찾아가 돌보는데, 조합원과 의료인이 최선을 다합니다.

홍미영 말씀 들으면서, 참여하는 주민은 동네에서 사는 보람을 느끼겠다고 생각했는데, 어떤가요? 간판이 크지 않아도 찾아오는 공간이죠? 동네 어르신이 참여하며 이웃을 돌보는 아름다움에서 그치지 않죠? 초등학교 시절부터 중학교, 고등학교로 이어지다가 어른으로 참여한다고 하더군요. 30년을 같이 지내는 분도 계시겠네요?

박양희 그렇죠. 갱년기 지나 노년기에 이른 어른이 체조 교실을 운영하는데, 20년 동안 활성화되면서 우울증을 극복한다는 말씀을 듣습니다. 기초생활수급자인 어르신은 재활 소모임 덕분에 살았다며 적지만 큰돈을 출자하셨어요. 의의를 느껴 기여하는 분이 계시죠. 조합원이 되면 가족 모두 주치의 관계를 맺거든요. 개인 병력이나 사회경제적 상태, 주위 환경을 잘 아는 관계에서 과잉 진료 없이 적절한 의료와 생활 처방하면서 건강한 관계를 만들어간다고 자부합니다.

홍미영 전국에서 보아도 특별한 사례일 텐데, 단골손님인 박병상 대표의 생각을 전해주시죠.

박병상 25년 정도 됐는데. 평화의료사협의 경험이 기폭제가 되었는지 모르지만, 안성에도 춘천에도 있어요. 양창모라는 의료인이 참여하는데, 그분은 《녹색평론》을 읽고 마음을 정한 겁니다. 농부의 마음으로 참여한다고 해요. 말씀하셨지만, 어릴 때부터 주민으로 출자해 첨여하는 행동은 지역에 뿌리내리는 삶입니다. 멀지 않은 조상의 일상입니다. 평화의료사업이 원래 일상으로 우리를 안

코로나19 시대에 건강과 안전이 중요한 화두가 되었는데,
이웃이 연결된 마을에서 개인 노력보다
지역에서 마음을 모아야 한다고 봅니다.

내하는 것으로 생각합니다.

홍미영 '평화의료사협'의 조합비가 부담스럽거나 조합 운영에 참여하기 어려운 건 아니죠? 동네 주민만 이용해야 한다고, 주민등록증 대조하는 건 아니잖아요? 저와 가족이 가입하니까, 동네 병의원과 다르더군요. 독감 예방주사를 맞을 때, 떨어졌다며 발길을 돌리게 하지 않아요. 조합원에게 예방주사를 안내하잖아요. 건강기록카드로 현재 건강 상태를 알리고 스스로 관리하는 의료가 이루어지니까요. 자본주의 사회에서 스스로 건강을 챙기는 일은 어려워요. 병원 문턱이 높고, 의료인의 권위 때문에 소통이 어렵죠. 여기는 동네의 즐거운 공동체가 되니까 편안합니다. 의미 있는 역할을 하는 거 같습니다.

박양희 조합원 되는 건 간단해요. 출자금 5만 원이면 전국 누구나 조합원이 될 수 있어요. 다만 사업 구역이 인천과 경기도로 되어 있을 뿐입니다. 탈퇴할 때 출자금은 찾아갈 수 있습니다. 저희는 출자를 '조합원의 건강을 이익으로 돌려 드린다.'라는 생각으로 임합니다. 건강 소모임과 이웃 사이의 모임을 열어가며 건강한 관계를 만들려고 하는 겁니다. 건강이 신체뿐 아니고 정신으로 이어지고 나아가 사회적으로 연결됩니다. 나와 가족의 건강에서 사회의 건강을 포함한다고 봅니다. 영적, 생태적 관계를 건강하게 맺게 되는 게 중요하다고 생각하기 때문에, 조합원 가입을 권하는 것이죠. 건강공동체가 되려고 노력합니다. 우리나라는 일차의료가 충분하지 않아요. 주민이 처음 만나는 의료 관문으로 예방부터 관리, 치료, 재활까지 포괄적인 진료를 제공하는 것이 중요한데, 병의원은 주민을 편안하게 다가오게 하지 못합니다. 일차의료가 강화될 때, 코로나19 이후 일상으로 회복하기 쉬워요. 지역 의료의 기본은 주치의 제도라고 생각합니다. 병원으로 찾기 어려운 사람을 위한 방문 의료시스템을 강화해야 합니다. 방문 의료가 활성화되지 못한 것이 현실입니다. 올해부터 일차의료 왕진 시스템을 시험적으로 실시하는데, 준비가 부족해요. 노인이나 장애 있는 분이 병원으로 오기 어렵잖아요. 준비해서 병원에 대기하는데, 4시간 정도 걸리는데, 훈련된 의료인이 충분하지 않으니까요. 환자 상태를 보는 의료인도 자신의 가치를 스스로 돌아보게 됩니다. 마음을 모아 치료하게 되죠. 따뜻한 마음의 의료인이 지역에서 소외되지 않는 건강을 위해 행동하는 시스템을 만들어야 해요. 코로나19 시대에 중요한 점을 두 가지 꼽자면, 공공의료 강화가 하나이고 일차의료 강화가 다음입니다.

홍미영 지적한 이야기는 "포용국가 포용사회"를 지향하는 현장의 목소리로군요. 특히 코로나19 시대에 소외되기 쉬운 사람들의 목소리입니다. 평화의료사업을 통해 들을 수 있는 지역의 중요한 사업인 거 같습니다. 박 이사장께서 말씀한 지역의 공공의료, 일차의료 중요성에 대해 박병상 대표의 말씀도 들어보고 싶네요.

박병상 《평등하면 건강하다》라는 책이 있어요. 유명한 얘기죠. 사례가 많은데, 노인 전문 치료를 볼까요? 코로나19 시기에 아픈 사람들, 특히 나이 먹는 사람을 한 군데로 몰아 치료하면 효율이 높다고 이해할지 모르는데, 소외시키거든요. 소외되었다고 생각하면서 비참해지는 노인을 젊은이와 어울리게 하면 훨씬 건강해진다고 해요. 여기 의료사협은 그런 의미에서 소중합니다. 지역에서 진정한 의료를 이끄는 곳으로 느낍니다. 건강 개념을 의사나 전문가, 지식인에게 의존할 수 없다고 생각합니다. 20대 청춘을 건강의 기준으로 볼 수 없잖아요. 여기서 이웃이 같이 있는 장소에 건강이 샘솟는다는 사실을 목격하고 있습니다. 강조하신 주치의 제도가 그럴 겁니다. 여기에 춤출 수 있는 마루도 있네요. 10대와 20대 청춘들이 복잡한 춤을 추는 것 같지 않네요. 나이 든 분이 서로 보조하며 배려하며 격려하는 자리 같아요.

박양희 박병상 대표께서 말씀하시는 FEC 자급권, 음식과 에너지와 케어는 지역에서 자급해야 한다는 의미를 공감했어요. 고령화가 진행되니 정부도 사는 지역에서 이웃에게 보살핌을 받으며 여생을 편안하게 보내는 지역의 통합돌봄 서비스를 하는데, 저희가 20년 이상 지속했더군요. 최근 정책화되는 거고요. 코로나19에 저희는 그간 배제된 노인과 어르신, 그리고 장애인을 일대일로 찾아가는 건강 짝꿍, 건강 돌봄 활동했습니다. 특히 부실한 영양을 살피거나 낙상과 감염위험, 그리고 정서적 지원을 모색합니다. 의료사협 단위에서 안부 묻는 전화 활동이라거나 조합원이 마스크를 만들어 전달하는 프로그램을 실행하면서 앞으로 지역에서 돌봄이 해결되는 미래를 기대합니다.

홍미영 지역의 통합돌봄을 이제 행정에서 사업화한다지만, 이미 평화의료사협에서 진행해왔다는 사실을 알았습니다. 주민도 익숙해졌다는 거잖아요. 백문이 불여일견이라고 하는데, 현장에서 느끼지만, 인천 의료사협이 선구적인 역할을 해왔습니다. 생소하게 여기는 분도 있겠지만, 얼마나 민주적이고 평등한지 궁금하면 언제든 찾아오면 건강이든, 일상생활이든, 지키고 나눠야 할 공동체의 활동을 충분히 이해할 것 같습니다.

코로나19를 곁에 두고 이겨야 하는 시기이니, 〈인천평화의료복지사회적협동조합〉을 찾았는데, 방송을 보고 이해가 되죠? 코로나19를 큰 병원이 아니라 마을의 의료복지 공동체에서 대안을 찾을 수 있는, 소중함을 느꼈을 거로 생각합니다. 자료를 보니 부탄은 인구 80만에 소득 3천 달러인 작은 나라이지만 국민행복지수가 높다고 하잖아요. 인구 많고 희생자가 많은 인도와 중국에 끼어 있어도 코로나19 사망자가 없는 나라로 세계보건기구(WHO)가 인정했다고 합니다. 비결은 사전 예방이라고 평가합니다. 평화의료사협이 공동체가 국가를 대신해 사전 예방으로 코로나19를 대비하는 장소라고 생각합니다. 큰돈이나 정교한 제도보다 공동체에 대한 이해를 강화하는 것이 필요한 일이겠죠, 마무리할 시간입니다. 구독자에게 코로나19를 대비해 권할 말씀이 있나요?

박양희 코로나19 시대에 건강과 안전이 중요한 화두가 되었는데, 이웃이 연결된 마을에서 개인 노력보다 지역에서 마음을 모아야 한다고 봅니다. 가까운 병원, 가까운 학교, 가까운 어린이집, 가까운 요양시설, 이런 곳의 따뜻한 서비스를 믿고 이용할 수 있는 관계가 정착되어야 하리라 믿습니다. 저희도 그를 위해 노력할 거고, 정부나 지자체는 지역의 어떤 주민도 소외되지 않도록 서비스망을 촘촘히 이어야합니다.

홍미영 새해가 되면 결심하고 지키지 못하는 '헛된 희망 증후군'을 벗어나 보자고요. 지나치게 큰 목표를 세워 기대에 못 미쳐서 그런 것일 수 있겠죠. 오늘 이야기를 들으며 올해의 작심은 무엇으로 세울지 생각했으면 좋겠습니다. 하루에 한 번, 기후위기, 탄소 발생 같은 문제를 생각하면 어떨까요? 소박하더라도, 쓰레기를 재활용하거나, 플라스틱 쓰레기를 줄일 수 있겠군요. 어려운 이웃을 돕는 활동을 하거나, 안부를 전하는 전화를 해도 좋겠죠. 현실에서 실천할 수 있는 목표를 세워 행동하는 겁니다. 감사합니다.

미래세대를 먼저 생각하는 지속 가능성

세계지질과학총회가 2024년 8월 부산 벡스코에서 개최되었습니다. 코로나19의 세계적 창궐로 한 차례 건너뛰고 8년 만에 개최된 세계지질과학총회는 현 지층의 이름을 '홀로세'(Holocene)에서 '인류세'(Anthropocene)로 바꾸려고 연구했고, 그 결과를 어떻게 발표할지 세계가 주목했습니다. 결론부터 이야기하면, 총회 산하 층서위원회에서 바꾸지 않기로 의결해, 변경은 무산되었습니다.

아시겠지만, 지층은 상당한 시간 동안 축적된 변화 흔적을 남깁니다. 마지막 빙하기 이후 온화한 날씨가 이어지면서 인류는 농사를 시작했고, 그 흔적이 기록되었습니다. 11,700년 전 지층이 그것으로, 과학자는 홀로세로 이름 붙였는데, 고작 1㎜ 두께에 불과합니다. 11,700년 전 이후 지층이 이름 변경이 필요할 정도로 지층이 변화하지 않았다며 층서위원회는 홀로세를 유지하기로 결의했지만, 핵심 증거를 찾아낸 실무 과학자의 생각은 달랐습니다. 홀로세 이전 지층의 크고 작은 변화는 자연이 만들었지만, 극히 얇을지라도 인류가 남긴 인류세 지층의 흔적은 완연히 다르다면서, 머지않아 이름이 바뀔 것으로 확신했습니다.

지구에 생태계가 형성된 대략 5억 5천만 년 전부터 6,500만 년 전까지, 5차례 대멸종 사건도 지층에 기록돼 있습니다. 번성하던 생물종의 70%가 한순간에 사라졌기에 '대멸종'이라고 주장합니다. 생물종 하나가 사라졌다는 의미는 구성하는 개체 대부분이 느닷없이 죽었다는 뜻입니다. 70%의 생물종이 사라졌으니 눈에 띄는 개체는 모두 죽었을 겁니다. 원인은 자연재해였습니다. 지진과 화산, 거대한 운석의 충돌로 생물이 감당할 수 없는 온실가스와 독성 물질이 대기를 뒤덮는 재앙이 닥친 겁니다. 진흙 속이나 공기가 스미지 않는 지하에 겨우 살아남은 극히 일부 개체가 천적이 사라진 지층에 다시 퍼져나갔고, 충분한 시간을 거치며 다채로운 생물로 진화해 건강한 생태계를 형성했는데, 그 장구한 역사를 지층은 기록합니다.

인류는 마지막으로 지구 생태계에 동참했습니다. 대략 1,500만 년 전 울창했던 숲이 90% 이상 불에 휩싸인 이후의 사건인데, 당시 거대한 화염은 살아가던 생물에게 재앙이었을 겁니다. 사건 이후, 우여곡절을 거치며 나타난 여러 조상이 명멸했고, 지층 기록을 바탕으로 30만 년 전 인류가 탄생했다고 과학자는 주장합니다. 숱한 시행착오를 거쳐 생태계에 나타난 인류는 11,500년 전부터 농사를 지었습니다. 씨앗을 심으려고 다른 식물을 뽑았을 겁니다. 농작물을 같이 먹자고 다가오는 동물은 내쫓거나 잡아먹었을지 모릅니다. 자연에 대한 편견이 최초로 싹텄습니다.

농사로 생태계를 교란하며 인구를 늘린 인류는 200년 전 화석연료를 손에 댔습니다. 주로 동물이나 자연의 힘을 활용했고 자기 근육도 아끼지 않던 인류가 화석연료 소비를 늘리면서 자연은 돌이킬 수 없게 파괴했습니다. 생태계를 안정시키던 생물종이 급속히 사라지고 말았는데, 그 속도는 최근 걷잡을 수 없게 빨라집니다. 5번째 대멸종이 6,500만 년 전이고 거대한 화재는 1,500만 년 전입니다. 인류가 나타난 지 30만 년, 농사를 지은 지 11,500년, 화석연료를 태운 지 고작 200년이 지났는데 생태계가 위기를 맞았습니다. 현기증 나게 환경을 바꾸며 화석연료를 소비한 인류는 6번째 대멸종을 눈앞에 두고 말았습니다.

화석연료는 생물이 감당하기 어려울 정도의 온실가스를 대기에 내놓았습니다. 대멸종이 발생한 과거의 농도에 비견할 정도인데, 인류는 핵에너지까지 손에 넣었습니다. 온실가스를 넘어 최악의 독극물인 방사능을 쏟아내는 초강력 에너지를 함부로 사용하면서 자신의 생명까지 위태롭게 만듭니다. 방사능은 유전자를 파괴하며 생태계를 변질시킵니다. 인류도 예외일 수 없습니다. 지질과학총회 실무위원회 과학자가 찾은 기록은 온실가스와 방사능, 플라스틱, 초미세먼지, 유기화합물. 목록은 이어집니다. 인류에 의해 인류세 지층이 형성되었고 인류세가 이어진다면 지층 위에서 생존해온 생물종은 자취를 감출 겁니다.

생태계가 안정된 상태에서 탄생한 인류는 자신의 생존 기반을 허물어 댑니다. 생물종 중에서 포유류를 살펴보면, 전체 무게의 30%가 사람입니다. 67%가 가축이며 자연의 생물은 3%일 따름입니다. 몇 종류 되지 않는 가축은 인간이 이용하며 인간이 생존을 좌지우지합니다. 농작물과 산림도 사정이 비슷합니다. 거대한 축사의 가축과 드넓은 농장은 화석연료 없이 상상할 수 없습니다. 어떤 조상도 상상하지 못한 요즘 의식주는 화석연료 덕분인데, 화석연료는 대표적 온실가스인 이산화탄소 배출의 주범입니다.

화석연료가 창출한 현대문화는 어떤 황제도 꿈꾸지 못한 세상이지만, 기상이변을 가져왔습니다. 지금처럼 소비한다면, 석유는 길어봐야 100년, 석탄은 200년을 넘기지 못할 것으로 전문가는 추정하는데, 인류는 그날 이후까지 생존할 수 있을까요? 생태계가 무너진 상태에서 에너지 과소비에 길든 인류는 화석연료 없이 생존할 수 없는데, 온실가스가 빚을 기상이변을 미래세대는 견딜 수 없을 게 틀림없습니다. 눈에 띌 정도로 빙하가 녹고 해수면이 올라갑니다. 기상이변은 파국을 예고합니다. 마음이 급합니다. 눈에 넣어도 아프지 않을 손주가 건강하게 생존할 수 없는 세상을 받아들일 수 없습니다. 점점 편리하고 화려한 세상을 물려주려고 부지런히 화석연료를 소비하며 개발해왔는데, 미래세대가 그만 위험해지고 말았습니다.

화석연료가 빚은 세상을 광란의 축제에 비유하는 과학자가 있습니다. 몇 시간의 휘황찬란한 축제를 위해 준비한 음식이 바닥을 드러내면, 내일의 일상을 기약하며 각자의 집으로 돌아가야 합니다. 화석연료가 바닥을 드러냅니다. 기상이변이 점점 무서워집니다. 그렇다면 이제 현란한 축제에서 헤어나야 합니다. 일상은 휘황찬란할 수 없는데, 내일도 오늘 같을 거라

착각하는 사람은 화석연료 소비를 멈추지 않네요. 미래세대의 생존을 위협하는 것이지요. 우리는 화석연료를 모르던 조상의 삶을 반드시 기억해내야 합니다.

축제는 계속될 수 없습니다. 화석연료를 모르거나 거의 사용하지 않은 조상은 불행했을 리 없습니다. 미래세대의 생존을 염두에 둔다면, 화석연료에 맡긴 우리 일상을 바꿀 필요가 있습니다. 의식주를 지배하는 화석연료를 당장 포기할 수 없더라도, 탐욕에 가까운 소비는 서둘러 줄일 수 있습니다. 생태계와 인류가 건강하고 행복하던 시절의 삶에서 대안을 찾을 수 있으리라 믿습니다. 무엇일까요? 돌이키려면 시간이 얼마나 남았을까요? '새로인 일상을 여는 사람들'은 우리 미래세대가 지속 가능하게 살아갈 삶의 방식을 모색하려고 했습니다.

황폐해지는 자연, 허물어지는 생태계일지라도, 더는 파괴하지 않아도 행복한 삶을 이어갈 방법은 무엇일까요? 어렵지 않을 수 있어요. 조상은 늘 그렇게 살았으니까요. 위기의 대안을 찾아 무엇을 고민해야 할까요? 행정은 어떤 정책을 구상하고 실현해가야 할까요? 현장에서 활동해온 환경운동가의 고민은 무엇인지 들었습니다. 지속할 수 있는 삶을 위한 정책은 무엇이고, 앞서가는 사례가 있다면 찾아보려고 관련 연구자와 행정 책임자를 만났습니다. 지역에서 동영상을 촬영하면서, 화석연료 소비로 개발을 촉진해왔던 법과 제도를 바꿀 필요가 있다는 확신이 생겼습니다. 지속할 수 있는 내일을 지원하는 법과 제도를 마련하기 위해 노력하는 사람들의 의지를 물었습니다. 멀지 않은 조상이 그랬듯, 우리와 미래세대도 반드시 세대를 이어가면서 건강하게 생존해야 하기 때문입니다.

1

지속 가능하도록 발전하는 사회

홍미영 안녕하세요. 오랜만이죠. '새로운 일상을 여는 사람들' 유튜브 방송을 한동안 쉬었습니다. 오늘 특별한 분을 모시고, 새롭게 시작하려고 해요. 그 사이 코로나19로 2년을 보냈네요. 여러 어려움이 있었죠. 사회적으로나 정치적으로 민주주의가 제대로 이행되는가? 경제는 괜찮게 살아날 것인가? 나와 주변에 이웃의 건강은 괜찮고 잘살고 있는지, 이런 걱정으로 지내왔어요. 세상은 문제를 여전히 줄이지 못합니다. 우리나라를 비롯해 여러 국가가 문제 해결에 노력하지만, 큰 진전이 없어 보입니다. 얼마 전, 세계 기후변화 총회가 열렸어요. 회의에 모인

GUEST **김은경** 전)환경부 장관

사람들은 "이대로 가다가 지구가 멸망하고 우리 삶이 존속되기 어렵다."하고 걱정했는데, 세계의 환경단체에서 '기후악당 국가'로 꼽는 한국은 수치로 볼 때, 최악을 면하지 못하는 수준이라고 합니다. 날씨가 쌀쌀해지면서 마음도 썰렁하지만, 다시 한번 현시대의 문제를 생각하면서 '다른 세상', 정말 새로운 일상을 좋은 세상으로 열 수 있도록 희망을 만들자고 다짐합니다. 그 의미에서 마음을 모으면 좋겠다고 생각하면서, 모신 분들을 소개하겠습니다.

늘 같이하는 단골손님, 박병상 대표입니다. 아시다시피 '새로운 일상을 여는 사람들'의 대표인데, 새로운 직함을 하나 받았다네요. '60플러스 기후행동'의 상임대표를 맡으셨죠? 이따 그 단체에 대해 말씀해주시고요, 반갑습니다. 그리고 잘 계신 지, 많은 시민이 궁금해했을 분을 모셨습니다. 문재인 정부의 초대 환경부를 이끌며 열정적으로 일한 김은경 장관입니다. 초대에 응해주셔서 감사합니다. 시대의 여러 문제를 몸과 마음으로, 고민하시는 두 분을 모시고 얘기를 풀어가려는데요. 우선 코로나 시기를 겪으며 풀지 못한 고민과 걱정을 미래세대에게 짧게 말씀 나눠주시면 좋겠네요. 먼저 박 대표께서.

박병상 저는 요즘 뉴스는 보고 싶지 않아요. 고통스럽더라고요. 과거 5년은 요즘 5년과 기본적으로 다릅니다. 기후가 그렇습니다. 많은 전문가는 '티핑포인트'(tipping point)가 지나간다고 해요. 태평성대가 아닌데, 돌이키기 어려운데, 위기를 맞은 기후변화가 조용히 지나가길 바라는 상황을 바라만 보는 형국이니까요. 마음이 부글부글 끓으며, 행동할 게 무엇인지 고민하게 되네요.

홍미영 충분히 공감하시겠죠? 김은경 장관은 시민운동에서 시작해서 행정과 정치 영역으로 넓히며 행동하셨는데, 인사 겸 말씀 한마디 해주시죠.

김은경 우선 그간 제가 특별한 구역에 있을 때, 밖에서 깊게 안타까워하시고, 기운 내라고 응원해주신 많은 분들께 감사의 마음을 전합니다. 덕분에 저는 건강하고 의미 있는 시간을 보낼 수 있었습니다. 거기에선 특별히 할 일이 없으니까, 책을 많이 읽게 되는데요. 책을 보며 우리가 겪는 이 위기라는 게 도대체 지구와 인류 역사에 어떤 의미가 있는 걸까를 깊게 생각하게 되었습니다. 예전 구한말, 근대라는 시대 상황에서, 자본주의 초기 단계가 우리나라로 들어오던 상황을 되새겨보았습니다. 현재 위기 상황이 우리 선조가 당시 느낀 만큼 커다란 변화일

지금까지 우리가 생각하며 살아오는 방식을
모조리 바꾸게 만드는 환경문제라는 생각이 깊어집니다.
머지않아 강요될 변화에 대응할 수 있을까요?
저는 위기감을 절감합니다.

까? 생각했는데, 못지않은 것 같습니다.

어쩌면 자본주의에서 민주주의가 마주하는 다양한 한계와 장벽을 경험하는 상황인데, 기후변화가 그 무엇보다 무겁게 다가옵니다. 이제까지 경험한 숱한 위기보다 훨씬 큰 무게로 급속히 다가오는 겁니다. 그 모든 위기가 한꺼번에 뒤덮는 거예요. 그야말로 지금까지 우리가 생각하며 살아오는 방식을 모조리 바꾸지 않으면 안 되는 환경문제라는 생각이 깊어집니다. 머지않아 강요될 변화에 대응할 수 있을까요? 어려울 거란 위기감을 저는 절감합니다. 굉장히 깊고 폭넓은 변화가 필요한 시기인데요. 당장 두 가지 걱정과 희망으로 이어봅니다. 너무 깊은 위기인데, 과연 우리가 대응할 수 있을까 하는 것이고요. 또 하나, 팬데믹을 겪으며 본 잠재력을 생각하면, 어떤 나라보다 잘 극복해온 역사를 가진 우리가 결국 해결하지 않을까? 하는 희망도 생깁니다. 방법을 꼭 찾아야겠죠.

홍미영 변화에 대응해야 한다. 그게 우리 '새로운 일상을 여는 사람들'이 지향하는 목표잖아요. 오늘 모임을 계기로 진지하게 고민해야 할 내용입니다. '지속 가능성'도 하나의 대응일 텐데, 환경 분야로 좁힐 이유는 없어요. 총체적으로 살펴야 한다고 봐요. 요즘 사원을 뽑을 때, 기업도 지속 가능성을 고려하네요. '지속 가능성' 개념을 전문가 관점에서 말씀해주시면 좋겠습니다. 김 장관 먼저.

김은경 '지속가능 발전'이라는 용어가 선언으로 나타난 때가 1987년이에요. 시간이 꽤 지났죠. 사회 일각에서, 유행이 지난 예전 이야기인데, 새삼스럽게 다시 꺼내는지, 회의적으로 생각하는 분이 없지 않습니다. 그런데도 요즘 그 말이 홍수처럼 쏟아지네요. 제가 드리고 싶은 말은, '지속가능 발전'이라는 말의 본질을 제대로 이해하거나 대응하지 못하고, 그저 겉핥기로 바라본다는 겁니다. '지속가능 발전'은 한때의 유행어가 아닙니다. 처음으로 돌아가 성찰해야 제대로 이해할 수 있습니다.

사람이 더는 살 수 없는 세상으로 간다면, 지속 불가능한 것이죠. '지속가능'이라는 개념을 새삼 생각해볼까요? 자연의 혜택과 경제적인 풍요를 느끼며 살아가는 세상에서 분명한 것은, 사람들은 한계가 분명한 푸른 별 지구에 머무른다는 사실입니다. 우주여행 운운하는 일론 머스크도 있지만, 전혀 현실이 아니죠. 지구에 살아갈 수밖에 없는 우리에게 어떤 한계가 있는가, 그 한계는 우리에 어떤 영향을 미치는가, 이런 고민과 성찰이 핵심입니다. 기후변화는 인간의 활동으로 생긴 온실가스가 지구가 감당할 범위를 넘었기에 발생한 거잖아요. 다행스럽게, 이제 기후변화를 심각하게 받아들이지만, 지구의 한계에 더욱 위험하게 다가가는 요소가 더 있습니다. 생물 다양성입니다. 박병상 대표께서 말씀하시는데, 생물 다양성과 생태적 한계를 직시해야 합니다. 질소와 인 같은 무기질은 이미 기후변화보다 다급한 한계를 보입니다.

지속 가능한 사회를 만들어갈 때 기본적으로 우리는 지구의 한계를 근원에서 인식하고, 그 한계 안에서 어떻게 살아야 하는지를 고민해야 하는 겁니다. 기업은 어떻게 해야 하고, 경제는 어떻게 변화해야 하고, 시민사회는 어떻게 해야 하는지일 겁니다. 우리 사회는 어떻게 변해야 할까요? 환경문제는 시민 한 사람 한 사람이 자신의 영역에서 어떻게 해결해야 하는지 종합적으로 고민해야만 합니다. 이런 고민과 성찰을 바탕으로 정치는 어떻게 제 역할을 다하고 행정은 어떻게 고난을 헤쳐 나가야 하는지, 체계적인 노력이 필요합니다. 조화롭게 이루어져야 하죠. 어떤 삶일까요? 다른 사람, 특히 후손이 누릴 영역을 훼손하지 않으며 어떻게 살아갈 것인지, 그런 고민으로 대안을 찾자는 개념이 "지속가능"인 것입니다.

홍미영 우리 독자도 말씀 듣고, 깊게 이해했을 거로 믿습니다. 박 대표는 부평구에서 '지속가능 위원회'의 위원장을 맡은 적 있잖아요. 그때 김은경 장관이 지적한 문제의식으로 일하셨다고 믿어요. 시민과 공무원이 함께 꾸려가는 거버넌스를 고민하시며 꾸려갔는데. 그때 경험을 기억하면서 '지속가능'에 대한 설명을 이어주시죠.

박병상 1987인가요? 미국에서 한 시민이 "지속 가능성"이란 말을 꺼냈다고 들었습니다. 40년이 훌쩍 넘었는데, 우리는 여전히 예전 이야기를 답습합니다. 개발, 발전, 선진국 타령입니다. 지속가능이라는 말보다 행동으로 이어져야 하는데, 도무지 진전이 없어요. 행동으로 이어지자면 시민이 정치에 참여할 수 있어야 합니다. 그를 위한 '문화적 힘'이 필요합니다. '지속가능 발전'이라는 말은 "내일 더 잘 살 수 있다"는 의미가 아닙니다. 진전된 고민이 필요합니다. 우리가 강조하는 "잘 산다는 거"는 더 큰 자동차나 더 넓은 집이 아니지요. 내일도 행복할 수 있어야 합니다. 건강할 수 있을 거라는 확신입니다. 한데, 지속성이 끝날 위기까지 왔어요.

행복하게 산다는 것이 무엇인지 개념을 정리해야겠죠. 그를 위해 시민은 어떤 행동에 나서야 하고, 공무원은 무엇을 준비해야 하는지를 성찰해야 합니다. 정치와 경제는 어떻게 변해야 하는지, 국가와 지방 차원에서 무엇을 어떻게 대처해야 할지를 미국은 1987년부터 고민했는데, 우리 현실은 제자리걸음입니다. 2022년 7월, UN 구테흐스 사무총장은 "집단 자살의 길로 가고 있다."라고 얘기했을 정도입니다. "집단 자살"이라니. 끔찍합니다. 중요하고 시급하건만, 오히려 퇴보합니다. 전문 학자의 지적을 고려하면, 남은 기한이 5년 안팎이라고 합니다. 절박한 대응의 한계를 경고하는데, 우리는 한가롭습니다. 시민의 자세가 확실하지 않고, 정치와 행정이 도무지 움직이지 않아요. 지난 8년 동안 부평구에서 구청장께서 노력했지만, 공무원의 관성이 그에 미치지 못하더라고요.

그래도 8년을 밀고 나가니 어느 정도 진척이 있었는데, 구청장직에서 물러나니 바로 흐트러지고 말더군요. 그래요. 중앙과 지방정부가 답답하더라도 시민은 달라야겠는데, 여전하니 답답합니다. 절박한 마음으로 우리가 모였어요. 허송세월로 보내면 집단 자살로 이어질 수밖에 없으니까요. 지속가능한 발전, 진정한 행복이란 무엇일까요? 지난날 대기업에 취직해 자랑했던 친구를 보면, 당시 행복했던 마음을 지금도 유지하지 못해요. 행복은

소득도, 밑도 끝도 없는 발전도 아니니까요.

홍미영 사람들은 직장을 그만둔 뒤, 손자 손녀하고 저녁 먹을 때 행복을 느낀다고 해요. 우리 집부터 뭘 어떻게 행동해야 하나 고민이 필요합니다. 박 대표께서 물질 아닌 행복에 대한 진정한 자치를 강조하셨어요. 공무원이나 정치에 기대하지 말고, 시민이 스스로 만들어갈 시기라는 얘기를 정리해 주셨습니다. UN 사무총장 얘기처럼, 세계는 잘못 가고 있어요. 시민사회는 경각심을 갖지만, 정치나 행정의 변화는 미약합니다. 우리나라는 퇴행에 가까운데, 장관 재임 시절에 경험이 많았고, 여전히 고민하는 지금, 많은 정보를 아실 텐데, 말씀을 이어가시죠.

김은경 글쎄요. 우리가 꼴찌고 세계가 잘 가고 있으면 그나마 다행인데, 사실 그렇지도 않아 보입니다. 참 어려워요. 근본 문제는 사실 경제에서 보아야 합니다. 자본주의라고 할까요? 지구촌은 자본주의 이외의 경제 체제는 없는 셈이나 마찬가지죠. 자본주의가 지배하면서 비롯된 문제가 꼬리에 꼬리를 물고 문제를 일으키는데, 해결이 가능할까요? 지엽적으로 유럽이 방향을 제기하긴 하는데, 땜질 수준입니다. 사회민주주의라는 걸 볼까요? 주민의 참여를 반영하고 대안을 실현하려 민주주의를 끌어가는데, 부족하죠. 스웨덴을 봐요. 충분했다면 그레타 툰베리가 등교를 거부하는 행동에 나서지 않았겠죠. 일회용 컵 대신 물병으로 바꾼다고 해결되는 건 아니거든요. 새로운 일상은 근원적인 행동 변화에서 가능한 거잖아요.

어떻게 지속가능 발전으로 갈 것인지 고민하자는 거죠. 지속가능 발전이라는 게, 유럽에서 선도합니다. 가장 뒤처지는 국가는 미국하고 한국이에요. 미국을 따라가는 한국이 특히 그래요. 제 기억으로 유럽은 2005년 EU 차원에서 '지속가능 발전 기본계획'을 세웠어요. 유럽은 계획이 세워지면, 실질에 부합하는지를 먼저 살핍니다. 프랑스 같은 나라는 지속가능 발전에서 사실 우등생은 아니지만, 사르코지 이후, 지속가능 발전을 중요하게 여기며 1년 한 차례 '지속가능 발전 주간 행사'를 합니다.

전국 수천 개 마을의 지속가능 발전은 뭘까요? 논의가 중요합니다. 사회와 마을은 아이들이 어떻게 자라면 좋을지 생각합니다. 안전을 어떻게 보장하고 미래에 어떻게 살면 좋을지, 어떤 가치로 협력하며 살지, 자연과 어떻게 연계할지, 그런 일을 마을에서 합의해 정하죠. 가치를 공유하는 과정이라고 할 수 있습니다. 다음에 뭐를 할 건가? 양조장은 어떻게 하고, 농업은 어떻게 할까? 농사지을 때 비료나 살충제 좀 덜 써야겠군. 뭐 이런 것들을 마을에서 대안을 만드는 거죠.

마을의 지속가능 발전 계획을 주민이 만들고 1년 지나 평가합니다. 얼마만큼 실행되었고 부족한 점이 무엇인지, 더 노력할 건 무엇인지, 파악하게 됩니다. 그런 식으로 마을 스스로 지속 가능하게 만들어가는 과정, 그 과정을 주민이 능동적으로 만들어가는 거예요. 그렇다면 정치가 변하더라도, 대통령이 바뀌더라도, 흔들리지 않아요. 마을에서 아이들이 행복해지는 거죠. 요사이 유럽에서 희망차게 나타나는 모델인데, 우리는 거기까지 아직 못 갔죠. 구청장께서 추구한 부평의 정책일 텐데, 성과로 이어지지 못해 아쉽네요. 그래도 다른 지방자치단체로 어느 정도 확산한 거 같아요.

홍미영 네. 그 시기쯤, '전국 지속가능 지방정부 협의회'를 구성했어요. 계기는 프랑스의 지속가능 환경 주간이었어요. 시민이 공무원과 함께 바뀌어 가는 것을 본 거예요. 하나의 지역만이 아니더군요. 이웃 마을은 물론이고 도서관과 전시관을 더불어 운영하는 모습을 봤어요. 그야말로 지속 가능한 발전이었어요. 지방정부들이 주민과 함께 꾸려가는 게, 상당한 버팀목이 되더군요. 정권과 공무원의 정책 집행이 아니라 지방정부가 마음을 모아 실행하는 거를 보았는데, 우리는 일부 지방에서 시도하다 그만두니 답답합니다. 프랑스의 예, 참 좋잖아요? 돌아와서 주위 지방정부에 제안했는데, 시큰둥했죠. 관련 법이 생기면 좀 나아지지 않을까 싶습니다.

박병상 부평 굴포천의 생태하천 계획은 지금 어떻게 진행되는지 궁금한데, 예를 들어 보겠습니다. 어릴 적 주안은 작은 동네였어요. 집에서 먹는 감자는 누가 생산했는지 잘 알았죠. 농부도 자신이 재배한 감자를 누가 먹는지 잘 알죠. 얼굴을 서로 아니까, 제대로 생산합니다. 우리 집도 어떻게 농사짓는지 알았고요. 하지만 옛일이 되었어요. 그런 동네는 사라졌습니다. 50층을 오르내리는 아파트를 꿈꾸며 콘크리트를 채우는 데 급급한 세상에 논도 개울도 없어요. 승기천은 복개돼 인주대로가 되었습니다. 복개 구간을 헐어 물이 흐르게 하겠다며 생태하천 운운하는데, 지속가능과 거리가 멀어요.

주안의 상가와 다세대주택을 허물어 50층 아파트를 지으면 교통 대책은 있을까요? 복잡한 인주대로를 뜯어 생태하천으로 복원할 수 있을까요? 주민과 논의하면서 승기천 복원을 준비했다면, 대안이 나왔을 텐데, 언감생심입니다. 저는 지속가능의 작은 예를 독일에서 보았습니다. 작은 아파트였어요. 한 200~300가구? 신자 없는 교회의 낡은 지붕에 태양광 패널을 붙여 에너지를 확보한 뒤, 물을 끌어들여서 마을을 관통해 졸졸 흐르는 작은 물길을 만들었어요. 50미터 정도에 불과한 물길의 깊이는 아장아장 걷는 아이의 종아리를 적실 정도인데, 만드는 과정이 정말 아름다웠어요. 여러 주장이 부딪히며 십여 차례 논의할 때, 다른 이의 의견을 아무도 배척하지 않았어요. 아장아장 걷는 아이와 엄마가 모이는 공원이 조성되자, 아무도 떠나고 싶지 않은 마을이 정착된 겁니다.

홍미영 그렇죠. 자가용 자동차의 연료를 수소로 바꾸는 정도가 아니라, 미래세대까지 더불어 살아갈 공동체를 이야기했습니다. 독일 사례를 들어 주민과 만들어가는 지속가능한 사회를 제시했습니다. 그 말을 들으니, 생각나는 게 있군요. 외국의 오일장 같은 사례인데, 공무원과 주민이 책상에서 지역 개발을 의논하더군요. 한두 번이 아니에요. 보통 1~2년 이상 의논하며 해결하는 지속 가능한 장터였어요. 공무원의 멋진 계획을 보고받는 식이 아니라, 삶의 현장에 직접 나와 의논해요. 현장에 책상 놓고 오가는 시민의 의견을 공무원이 1년 이상 듣는 겁니다. 얼마나 아름답던지요. 다소 힘들어도 천천히 함께 목표에 도달할 수 있지 않을까 싶어요.

어느 날 갑자기 생각이 바뀐 건 아니죠. 법과 제도로 공무원이 일할 방향을 가름하면서 진행되었다고 보는데, 우리도 가능해졌어요. '지속가능발전법'이죠. 제도 마련에 김은경 장관도 무척 노력했을 텐데, 감회가 어떤가요?

김은경 사실 홍미영 구청장님이 계실 때 추진한 '지속가능 발전'은 중앙법에 근거를 두지 않았어요. 지방자치단체의 조례로 시작한 거였죠. 그래서 그랬는지, 움직이기 싫어하는 공직자가 있고, 법적 근거 따지며 슬며시 회피하려고 했어요. 시민의 요구가 앞섰기에 가능했던 것이죠. 법이 제정된 이제, 지속가능 발전이라는 정책을 피할 수 없게 되었는데, 당시 기본법으로 제정하는 데에 마음을 모았죠. 2006년 6년에 제정되었지만, 2007년 발효된 지 얼마 안 되어 망가졌어요. 2008년 이명박 대통령이 무력화시키고 '녹색성장기본법'으로 변질한 거죠. 실효성이 없어졌습니다.

제가 환경부 장관일 때, 법을 복원하자고 요구했지만 어려웠어요. 당시 야당 의원들이 녹색성장기본법을 고집해 타협할 수 없었으니까요. 그렇게 어려운 과정을 겪고 시행된 법에 따라 다행히 지속가능 발전 계획을 수립하고 평가할 근거가 생겼습니다. 지방자치단체가 추진하려면 지속가능발전위원회를 두고 국장급 전문가를 모셔야 합니다. 그렇게 법은 마련되어도 지역에 따라 조건이 맞지 않네요. 중앙정부가 적극적이지 않아요. 아쉽습니다만 지방정부가 법을 근거로 지속가능 발전의 제도화에 나서서 구체적인 추진 성과를 만들어내면 좋겠습니다. 과거로 되돌아가지 않길 바라는 마음입니다.

홍미영 박병상 대표께서 위원장으로 부평구에서 일할 때, 공무원과 시민이 자신 있게 나설 상황이 부족했는데, 이제 위상이 달라졌잖아요. 법이 제정되었으니 지방정부와 인천시, 그리고 인천시의원과 부평구의원, 인천에서 전국 단위로 지속가능 발전 정책이 실행된다면 시민의 활동을 훨씬 활성화할 수 있어요. 공무원도 변화할 수 있으니 기대합니다.

박병상 쉽지 않은 걸 8년 동안 보았어요. 처음 담당 공무원들의 입술이 쑥 나오더라고요. 그렇더라도 시간이 지나면서 익숙해져 기대했는데, 구청장이 바뀌니까, 예전의 모습으로 빠르게 되돌아가네요. 어서 긍정적인 사례를 만들었으면 좋겠습니다.

시민운동하는 사람이 흔히 거론하는 사례인데, '101마리 원숭이' 얘기라고 말하기도 해요. 전체의 3%가 움직이면 상황이 갑자기 바뀔 수 있다는 긍정적인 이야기입니다. 1952년 영국은 끔찍한 스모그 고통 이후 에너지 정책을 새롭게 바꾸는 데 성공했습니다. 공감하는 정책이라도 낯설면 선뜻 나서지 못하지만, 한두 사람의 행동이 3%로 확장하면 공동체에서 일상으로 새롭게 바뀐다는 겁니다. 새로운 에너지 정책을 시행하지 못했다면, 영국은 최근까지 석탄 난방을 고집했을지 모릅니다. 그렇듯, 경험을 기억하며 대안을 찾아야 합니다. 지속 가능하게 살려면, 아파트 말고 텃밭이 더 필요하다는 사실도 경험으로 인식하거든요.

홍미영 그래요. 희망의 접점을 본 것 같습니다. 우리 의원들, 지방의원과 단체장도 어떻게 가야 할지, 자문받고 싶으면 우리가 도울 수 있으리라 봅니다. '새로운 일상을 여는 사람들' 유튜브를 보는 회원이 행동할 수 있고요. 마련된 법 테두리 안에서 어떻게 할 것인지, 두 분에게 얘기를 들으면 좋겠어요.

김은경 저는 약간 걱정이 생깁니다. 런던 스모그를 얘기하셨는데, 사실 희망을 강조하기보다, 겪을 고통을 먼저 생각해야 한다고 봅니다. 심각할 테니까요. 기후변화가 생각보다 심각합니다. 하지만 사람들은 그런 이야기를 꺼내지 않아요. 눈에 띄는 재해가 워낙 잦고 크니까 그런가 봐요. 홍수, 가뭄, 산불의 피해도 대단히 심각한데, 중요한 사항이 더 있어요. 2~3년 안에 식량 문제를 반드시 해결해야 하거든요. 국가는 국민의 식량 기반을 어떻게 안정적으로 안전하게 확보할 것인가 고민해야 합니다. 준비가 급합니다. 코로나19를 겪으며 가장 절박하게 느낍니다. 국가가 보호할 영역인가 따질 여유가 없어요. 무조건 살펴야 해요.

박병상 맞아요. 식량을 반드시 살펴야 합니다. 우리 곡물 자급률이 현재 20% 전후입니다. 에너지처럼, 전쟁이나 기후변화로 자급할 농작물이 부족해지면 대부분의 수출국은 자기 국민부터 챙길 겁니다. 역사적 예는 차고 넘치죠. 기후위기가 지금보다 심각해지면 우리나라의 식량 대안이 사라질 수 있어요. 우리나라는 생존 차원으로 대응해야 하는데, 정부 대책은 피상적입니다. 곡물은 사실. 그 100배의 석유라고 생각할 수 있습니다. 현재 경작 체계로 볼 때, 석유 없이 생산이 아예 불가능하니까요. 기후위기에 견딜 농작물을 재배해서 우리나라가 자급할 수 있을까요? 삶의 방식을 획기적으로 바꾸지 않는 한, 거의 불가능합니다. 텃밭 얘기를 드리지만, 생존 차원의 대안이 되지 못합니다.

파국이 다가오기 전에 행복이란 게 무엇인가에 대한 고민이 필요해요. 공부, 진학, 취업에서 그칠 수 없습니다. 기후위기, 식량위기 시대를 앞두고 미래세대의 행복을 먼저 생각해야 합니다. 좋은 대학교를 나와 많은 월급 많이 받는다고 행복할 수 있는 시대가 되풀이되지 않을 테니까요. 행복은 누가 주어지는 게 아니라는 거, 모두 잘 알고 있어요. 내가 하고 싶은 일을 할 때 행복합니다. 돈을 아무리 벌어도 원치 않은 일에 매달리면 불행합니다. 학력은 답이 아닙니다. 생존입니다. 그런 의미에서 저는 '60 플러스 기후행동'을 합니다. 국가 발전과 미래세대를 위해 화석연료 태우며 헌신했다고 생각했는데, 돌아보니까 이기적이었어요. 미래세대가 누릴 자원을 빼앗았죠, 더 늦기 전에 사실을 인식하고 반성하자는 겁니다. 젊은이와 그들의 아이가 행복할 세상을 위해 뒷배가 돼주자고 행동합니다.

홍미영 희망을 바라보는 데 마음을 모읍시다. 더욱 어려워질 수 있다는 걸 감안하면서 말이죠. 탐욕스럽게 소비하면서 지구를 망친 60대 이상의 노인이어서 "60 플러스"라는 숫자가 들어갔답니다. 60세 넘은 사람들은 작금의 기후문제, 지구 환경문제에 책임이 크잖아요. 심각하게 예견되는 미래세대의 고통에 책임 있다는 점에서 60 플러스 세대는 반성하고 책임을 갖고 행동하자는 의미로 이름을 그리 지으셨다네요.

박병상 그렇습니다. 반성을 토대로 미래세대가 행복하게 살 수 있도록 공동체를 고민해야 합니다. 행동에 나설 선배가 있어야겠다고 자임하는 사람이 모였습니다. 아무리 급해도 작은 단위에서 시작해야 합니다. 지역공동체의 구상입니다. 이상은 멀리 봐야겠지만, 늦지 않게 미래세대에 맞춰야 합니다. 미래세대가 우리보다 행복해야 하니까요. 물론 행동은 현실에서 해야죠. 지나친 이상은 구름 잡는 얘기로 흩어질 수 있으니까요. 장기적 관점으로 행동해야겠지만, 행동은 지역에서 펼쳐야죠. 무엇이 좋을까요? 텃밭에서 함께 농사짓고 수확해 음식 나누는 일이 좋은 예입니다. 마음 맞는 이웃과 마을과 학교에서 만나면 행복하겠죠. 그런 텃밭을 비롯해 마음 나누는 공간을 공동체 안에 늘리면 어떨까요? 흥이 나는 이웃은 여러 의견을 제시할 거예요.

아쉽게 제가 사는 연수구는 역행합니다. 인기가 큰 텃밭을 없애고 그 자리에 공연장을 만들겠다는 겁니다. 가까운 지역에 훌륭한 공연장이 있는데, 마을에 대규모 공연장이 꼭 필요한 시설일까요? 공동체 공간에 어마어마한 돈 들여서 세계적 악단을 모셔야 하나요? 텃밭에서 같이 농사지으면 민주주의가 싹틉니다. 생각을 모으니까요. 김 장관께서 말씀하셨는데, 해외 사례에도 진행에 모순이 생기고 시민도 적지 않게 답답했을 겁니다. 하지만 해결하려는 노력은 힘이 되거든요. 우린들 다르겠습니까? 촛불집회를 경험한 우리는 이미 희생을 무릅쓴 독립운동과 민주화운동에 나섰죠. 자랑스러운 역사이자 문화입니다. 억압하는 세력이 있더라도 얼마든지 극복하리라 확신합니다. 공동체의 행동이 이어지면 향후 5년 뒤? 달라지지 않겠습니까?

홍미영 5년 뒤에 긍정적인 결과가 나타나려면 우리가 노력해야 하니까, 그 성공 사례를 널리 알릴 수 있다면 좋겠어요. 거창하지 않더라도 작은 공동체에서 지속 가능한 미래를 꾸준히 만들자고 말씀하시면서, 경험이 쌓이면 민주주의가 확실하게 설 것으로 박 대표께서 확신하네요. 시민의 힘을 보여주자고 제안하시는데, 김 장관도 취임 후 선보인 홈페이지에서 지속 가능한 미래를 알리셨죠. 풀뿌리 시민들이 환경뿐 아니라 우리가 지속 가능한 안목으로 행동하는 사회를 말씀했어요. 미래를 얘기한 건데, 과정에 어떤 회한은 없었는지요?

김은경 아쉽게 꿈을 제대로 실현하지 못했죠. 반성부터 해야겠네요. 촛불이 탄생시킨 문재인 정부에서 일한 사람이잖아요. 촛불 든 분들에 실망 안긴 점에 죄송하다는 말씀을 드리는 게 도리라고 봅니다. 불의의 장소에서 많이 생각했어요. 왜 우리가 비판받을까? 뭐를 잘못한 걸까요? 저는 오랫동안 지속 가능한 환경정책을 펼치면 시민을 설득할 수 있을 거로 생각했어요. 정권을 잡지 못하더라도 위기로 인한 피해를 줄이는 노력을 수 있을 거라 믿었는데, 부족했습니다. 환경부 장관으로 만족할 만한 일을 하지 못했으니까요. 환경정책은 자칫 환경 관련 민원을 처리하는 수준에 머물 때가 많아요. 정부에서 환경은 우선 고려 대상에서 멀어요. 경제, 산업, 사회정책이 언제나 앞서니까요. 환경은 그저 드러난 문제를 처리하는 데 그치거든요.

제 생각의 지속 가능한 미래는 환경정책의 틀에 갇혀 있지 않았지만, 타 부처에서 환경을 고려하게 하는 수준까지 높이지 못한 겁니다. 고민에서 머물게 되는 거죠. 고민하면서 크게 와닿았던 경구가 있었습니다. 백낙청 선생님의 말씀이었습니다. 촛불 이후인데, 문재인 정부는 "민주 정부"라는 정체성을 가져야 하는데, 그렇지 못하다는 거였어요. 가슴에 와닿았는데요. 민주주의를 앞세우는 기존 정부와 다르지 않다는 지적이었죠. 별 차이가 없다는 비판입니다.

우리는 정책을 크게 바꾸지 못했습니다. 적어도 촛불 들었던 사람들의 기대에 미치지 못한 것이죠. 박병상 대표의 말처럼 5년 후 우리의 상황이 달라지지 않을 겁니다. 윤석열 정부의 정책 문제가 아닙니다. 현 정부의 정책에 기대할 게 없지만, 문재인 정권에서 전환을 위한 사회적 참여 구조를 만들어야 했죠. 아쉽습니다. 중앙정부와 행정 전반의 체계를 바꾸지 못했어요. 작은 행정 단위의 의견이 행정 전반에 영향을 미치도록 하면서 시민이 만족할 정책을 펼쳐야 합니다. 지방자치를 확대하고 강화하는 방향을 위해 최종 가치의 목표를 어디에 두는 가가 중요합니다. 그런 의미에서, 단체장이든 의원이든, 지속 가능 발전의 가치를 확신하고 공유하며 실천하는 단계까지 나아가야 합니다.

근본적으로 바라볼 분야가 있다는 점을 덧붙입니다. 요즘 교육 정책을 어떻게 바꿀 건가를 많이 이야기합니다. 비판이 워낙 많은 분야죠. 그동안 교육이라는 게, 박병상 대표의 지적처럼, 기업이 원하는 인력을 키우는 데 그칩니다. 학생이 고통스러워하든 말든, 불공정한 피해를 받든 말든, 자살로 이어지든 말든, 구조를 근본에서 개혁하지 않잖아요. 우리는 마을에서 태어났는데, 마을에서 자라면서 '나는 어떻게 살고, 무엇을 하고 싶고, 나한테 행복한 게 무엇인가?'를 고민하고 스스로 학습해왔는데, 학생을 그렇게 이끌어주는 교육이 없었어요. 우리 그런 문제를 생각해보자고요.

홍미영 교육을 어떻게 바꿀까? 여전히 무척 큰 고민입니다. 두 분이 "5년 후"를 말씀하셨잖아요. 지금 중학교 3학년이 대통령 선거 선거권을 가질 겁니다. 그 아이들이 어떤 가치관으로 자신이 살아갈 사회를 고민할지, 중요한 문제로군요. 어디에서 어떻게 손을 대야 할까요? 지속 가능한 교육을 이야기해야겠어요.

박병상 지역을 보자고요. 시골 동네에 애들이 없어요. 자라면 도시로 떠나거든요. 지역이 아니라 서울의 유명한 대학에 입학하면 동네에 축하 현수막이 붙어요. 청년을 평가하는 행복과 성공의 잣대가 처참합니다. 자본주의가 지시하는 데로 가는 것이죠. 젊은이를 세뇌할까 봐 걱정인데요(웃음). 그런데 의외로 저와 비슷한 생각을 하는 젊은이도 있더라고요. 답답하고 삭막한 위기 상황이 그렇게 만들었을까요? 시민도 꿈틀대는 게 보여요. 과거 독재 시절에 얼마나 많은 사람이 저항했나요? 피멍들 정도였잖아요. 지금은 다른 상황의 저항이 보입니다. 자본주의에 저항하는 사람들이 생각보다 많아요. 기업에 저항하는 사람도 많이 생겼고요. 이런 현상이 모이고 모여서 다른 목소리를 냅니다. 자본에 저항하는 환경교육도 많아졌으니까요. 다만 위기에 대한 근원적 성찰에 이르려면 시간이 좀 걸리겠지요.

급진적이지만, 저는 대학에 기대하기보다 우리가 새로운 교육기관을 만들자고 선동하고 싶습니다. 지역에서 지속가능을 교육하는 어른, 단체가 모여서 청년을 "발전"이라는 굴레에서 해방하는 겁니다. 이런 교육기관이 법제화돼서 많은 사람이 동참할 수 있게 되면 좋겠어요. 교육은 스스로 잘하게 돕는 것이니까요. 우리가 도와주는 거지요. 박사 같은 사람이 교육을 독점할 이유가 없거든요.

홍미영 그야말로 '시민대학'이란 이름으로 하던, 다른 명칭을 달든, 우리가 논의해온 내용을 두루 담아서 교육하는 적극적 구상이 필요할 거라 봅니다. 이제 우리 얘기가 어느새 많은 시간을 보냈습니다. 마무리로 가야 하는데, 김 장관부터, 이왕 교육을 이야기한 김에, 이 영상을 보고, 도움이 될 말씀을 주세요. 책이나 자료를 소개해도 좋겠습니다.

김은경 글쎄요. 환경운동이 환경만으로 문제가 해결되지 않는다고 말씀을 드리고 싶습니다. 환경운동과 노동운동, 또는 여성운동하고 대화해야겠는데, 서로 이해하기 어려울 때가 많아요. 교육도 비슷합니다. 저는 시민운동도 변화해야 한다고 생각해요. 교육운동, 노동운동, 환경운동으로 이야기하는 분야를 가만히 볼까요? 사실 지속가능 발전의 시각으로 살펴볼 수 있어요. 분리하면 힘이 떨어져요. 영역 중심이 아니라 공간 중심으로 운동 방식을 바꾸자고 제안합니다. 다른 생각을 이해하고 배려하면서 내 주장에 힘을 싣는 겁니다. 교육도 마찬가지입니다. 모여서 더불어 논의해 보자고요.

자본주의는 수백 년 유연하게 자기 체제를 공고화한 역사입니다. 그런 문제를 해석한 《역사의 시작》이라는 책을 소개할게요. 맛시모 데 안젤리스(Massimo De Angelis)라는 사람이 썼는데, 저는 재미있게 읽었어요. "역사의 시작"이라는 말은 프란시스 후쿠야마(Francis Fukuyama)가 했어요. 사회주의는 없어지고 공산주의도 망하고 자본주의만 남았으므로 "역사의 종말"이라고 이야기한 게, 1995년이죠. 하지만 자본주의는 너무 많은 문제를 일으켰죠. 지금의 위기까지 이어졌는데, 이러한 문제를 우리가 어떻게 해결할 것인가? 《역사의 시작》에서 풀어 갑니다. 어떤 한 분야의 개선으로 해결할 수 없다는 겁니다. 관련 있는 모든 영역이 같은 가치를 공유하며 허심탄회하게 논의하면서 새로운 역사의 실마리를 만들어야 한다고 주장합니다.

홍미영 좋은 책 추천해 주셨습니다. 《역사의 시작》, 영역 중심이 아닌 공간 중심으로 운동으로 시민운동을 펼쳐야 한다는 것이네요. 맞아요. 말씀을 들으면서는 제가 구 행정을 8년 이어가면서 공무원들 사이에 자기 분야로 제한되는 걸 보았어요. 8년 동안 그 벽을 넘으려 노력하니까, 박 대표의 말처럼, 변화가 생기더라고요. 공무원 스스로 보람을 가지고 시민과 함께 논의할 것인가? 다른 부서와 함께 고민할 것인가? 이런 단계로 바뀌는 걸 경험했으니까요. 좋은 말씀과 책 소개 감사하고요. 김 장관의 좋은 책과 제안으로 마무리할까 합니다.

박병상 저는 시민운동이나 정책의 시각을 미래세대 기준으로 펼치면 좋겠다 싶어요. 내가 낳은 아이보다 그 아이가 낳은 미래세대를 생각해보는 겁니다. 생물학에 킨셀렉션(kin selection)이라는 용어가 있습니다. 자손을 낳을 수 있는 능력, 다시 말해 생식을 말합니다. 그런 능력이 사라질 때쯤, 생식 능력이 생긴 젊은이, 아이나 손주를 위해 자신을 희생하는 겁니다. 사회적 곤충인 거미 개미, 그리고 벌에 두드러지는데, 사람도 동물도 마찬가지입니다. 할아버지 할머니가 야단치는 부모를 말리며 손주를 품에 안는 현상이 그런 예가 되겠죠. 우리 눈높이를 바꿔야겠습니다. 현재 여러 영역에서, 정치든 경제든 에너지든, 여전히 자신의 영역을 지키려고 발버둥을 치잖아요. 이런 이기적인 이권 네트워크에서 빠져나가자는 겁니다.

전문가의 얘기는 공연히 어려워요. 환경운동도 감정적으로 이야기할 필요가 있습니다. 다양한 주제로 쉽고 재미있게 이야기하는 거죠. 환경 분야에 제한할 필요는 없습니다. 국어, 수학, 문화의 용어로 환경을 이야기할 수 있거든요. 그래야 환경에 대한 사회의 인식을 높이게 될 거라는 책을 소개하려고 합니다. 기후위기 징후가 점점 끔찍해지는 호주에서 리베카 헌틀리(Rebecca Huntley)가 쓴 《기후변화, 이제는 감정적으로 이야기할 때》입니다. 재미와 감동이 없으면 어떤 운동도 지치게 마련이거든요.

홍미영 두 분 모두 일관된 말씀을 주시면서, 미래세대를 위해 기존 세대가 열린 마음으로 어떻게 행동해야 할지를 제안하셨습니다. 좋은 책도 소개하셨고요. 제목도 내용도 귀에 쏙 들어오네요. 《기후변화, 이제는 감정적으로 얘기할 때》, 유튜브 독자님들 시청할 때, 읽으시도록 자막으로 책 제목을 별도로 써놓겠습니다. 김 장관님도 "연대"를 얘기하셨어요. 연대는 독자님과 우리의 소통이기도 합니다. 동영상을 시청하면서 댓글을 쓰시거나 직접 연락을 주시면 연대의 폭이 깊어지고 넓어지리라 믿습니다. 마무리할 때가 됐습니다. 교육 얘기가 나왔으니, 다음에 기회를 찾아보겠습니다.

2

기후와 생물 다양성 위기, 그리고 22대 국회

홍미영 안녕하세요. 벌써 6월이네요. 2024년도 벌써 상반기에 접어들었습니다. 요사이 어려운 일을 겪고 총선이 지났습니다. 다시 심기일전해, 새로운 일상을 열려고 모였습니다. 시민과 전문가가 함께 문제를 펼쳐놓고 얘기할 시간을 펼칠 겁니다. 그동안 '공동체', '지속가능 발전', 그리고 '기후위기'들을 주제로 30개 넘는 영상을 띄었습니다. 좋은 반응이 많았는데, 앞으로 기후위기에 집중하려고 합니다. 5일이 '환경의 날'이라 기후위기에 어떻게 대응할 것인가? 그 주제로 얘기를 열고자 합니다.

8일 '해양의 날'과 29일 '국제 열대지역의 날'도 6월에

GUEST 장정구 기후&생명정책연구원 대표

있습니다. 6월은 환경을 좀 더 심각히 생각해야 하는 시기인가 봅니다. 이런 기념일을 둔 만큼, 지구가 기후와 생태환경에 위기에 빠졌다는 뜻일 겁니다. 지난 5월 15일 '석가탄신일'은 겨울이었어요. 강원도에 눈이 내려서, '화이트 석가탄신일'이라고 말하기도 했으니까요. 씁쓸하죠. '환경의 날'을 맞아 시민의 위기의식이 감지됩니다. 체감은 이미 심각하므로 대응이나 실천에 대해 깊이 있는 논의가 필요하다고 봅니다. 오늘 두 분의 전문가를 모셨습니다. 장정구 대표를 소개하겠습니다. '기후생명정책연구원' 대표이고, 얼마 전에 '한국섬재단' 이사장을 맡으셨는데, 직접 소개 말씀을 듣도록 할까요?

장정구 예. 환경문제. 전국적으로 세계적으로 심각하지만, 그 심각성을 섬과 바다에서 알 수 있습니다. 그래서 섬과 바다를 주로 다니는 사람이고요. 최근 기후위기 이야기가 나오는데, 못지않게 중요한 게 생물 다양성 위기입니다. 그래서 그 문제를 조사 연구하고 정책을 제안하기 위해 '기후생명정책연구원'을 최근에 설립해 활동하고 있습니다. 반갑습니다.

홍미영 고맙습니다. 귀한 시간 내 주셨습니다. 그리고 다 아시죠? 박병상 대표는 우리 영상에서 여러 문제를 쉽고 깊

녹는 빙하에 위태로운 북극곰도 있지만
백령도에도 법적보호종 점박이물범이 있어요.
일제강점기 때 8천 마리였던 것이
지금은 1천 마리도 안 된다는 보고가 있습니다.

이 있게 풀어주는 '새로운 세상을 여는 사람들'의 대표이기도 하니까요. 최근 저희가 자랑스러워할 게 더 생겼다더군요. '테드 강연'을 하셨다는데, 한 분야의 권위자라는 인정을 받은 셈인데, 직접 말씀해주세요. 테드가 뭔지, 제가 왜 자랑하려고 말을 꺼냈는지, 마이크를 받아주세요.

박병상 테드는 지역의 시민과 학생에게 관심 있는 분야에 대해 소박하게 강연하는 프로그램입니다. 문화와 역사를 비롯해 다양한 현안을 주제별로 15분 정도 간결하고 쉽게 이야기하는 테드 강연은 세계적으로 해마다 3천 번 정도 진행한다고 해요. 인하대학교에서 개설한 이번 테드의 주제는 '움직임'이었습니다. 움직임은 다양한 지점에서 감지할 수 있어요. 강연자 중에 문화예술 분야 종사자도 움직임을 이야기했는데, 인천 중심으로 활동하는 사람 중에 환경 분야를 제가 강연했습니다. 최근의 환경 움직임이 점점 고약해지니까, 관심이 생겼나 봐요. 주최자가 자료를 뒤져보니, 제가 확인되었나 보더군요. 아마 우리의 영상을 봤을 겁니다.

오늘은 생물 다양성을 이야기했으면 합니다. 제 관심이 큰 분야인데, 학자 대다수는 말을 앞세우지만, 행동에

약하죠. 갈등이 있는 현장에 잘 안 나타나거든요. 이 자리에 생태 문제의 현장에 능동적으로 찾아가는 분이 함께 참석하셨습니다. 반갑고 고맙습니다. 제가 아는 장정구 선생의 닉네임은 "나무꾼"입니다. 나무꾼은 생물 다양성을 해치지 않아요. 절실하게 필요한 한 그루의 나무를 베어내기 전에, 주위에 생태적으로 중요한 나무를 더 많게 심으니까요. 요즘 우리나라는 많은 나무를 한꺼번에 벌목해서 문제를 일으킵니다. 생태계를 황폐시키잖아요. 그런 문제를 제기하는 분과 얘기할 수 있어서 의미 있는 시간을 이어갈 거라 믿습니다.

홍미영 제가 독자와 주변 분에게 들었는데, 테드는 아무나 강연하는 프로그램이 아니라고 합니다. 어떤 주제에 이해가 잘 안되는 사람, 관련 주제에 관심을 큰 사람이 일부러 찾아가 듣는 강연이라고 합니다. 세계적 권위를 인정받는 테드에 나가셨으니, 박병상 대표께서 그 반열에 오른 것이겠죠. 테드 영상으로 들어가면 좋은 자료 볼 수 있다는 전제로 말씀드렸더니, 박 대표는 나무꾼(장정구) 칭찬까지 곁들여 주셨습니다. 오늘 귀한 시간을 가지리라 믿습니다. 두 분 얘기를 중심으로 진행하겠습니다.

말씀드렸듯, 코로나19를 비롯해 여러 재앙을 국내외로

겪으며 저도 위기가 기후와 생태 쪽으로 심각해진다는 걸 이해하는데, 우리 사회의 대응은 여전히 충분하지 않다고 생각합니다. 급작스럽게 닥칠 위기에 대한 경각심이 부족한 대신, 기술로 해결할 수 있을 거로 막연히 기대하는 사람이 많은 겁니다. 안이하게 낙관적인데, 현재 기후위기를 깊고 쉽게, 장 대표의 설명을 부탁합니다.

장정구 방송에서 북극곰 보잖아요? 녹는 빙하에 위태롭게 올라가 있는 모습은 사실 북극곰만이 아니에요. 백령도에 점박이물범이라고 하는 우리의 법적보호종이 있어요. 일제강점기 때 조사했더니 8천 마리 가까이 서식하는 결과가 나왔는데, 지금은 1천 마리도 안 된다는 보고가 있습니다. 그러니까 북극곰을 걱정하기 전에 우리는 인천 앞바다의 점박이물범을 보아야 합니다. 더욱 실감할 수 있으니까요. 인천 아시안게임의 마스코트였던 점박이물범부터 걱정해야 한다는 말씀을 강조해서 알려드립니다.

시간이 갈수록 태풍이 강력해지고 있습니다. 강력해지면서 진로가 바뀝니다. 우리 기억에 몇 차례 인천을 관통하는 태풍이 있었는데, 수백 년 그 자리를 지켰던 나무들이 부러지는 피해가 발생했습니다. 강화에 연미정이 있습니다. 한강 하구의 경관을 수려하게 볼 수 있는 곳인데, 정자 양쪽에 느티나무 2그루가 있었어요. 2019년 9월, 태풍 링링이 지나가면서 그중 한 그루가 부러졌습니다. 500년 자연의 역사가 한 번의 태풍에 사라지는 상황이 발생한 거죠. 이런 일은 점점 빈번해질 거라는 게 전문가의 이야기입니다. 나무 얘기를 드렸는데, 우리 집은 괜찮을까요? 얼마든지 문제가 생길 수 있습니다. 인천은 바닷가잖아요. 해수면까지 상승하는 상황에서 두려움을 느낍니다.

인천에 연안부두가 있죠. 백중사리, 그러니까 물이 가장 많이 빠지고 많이 들어 들어오는 시기에 연안부두에 바닷물이 넘칩니다. 피해를 방지하려고 제방을 높게 쌓았지만, 모든 해안에 쌓는 건 현실적으로 어려워요. 이런 일이 더욱 강력해질 상황을 현장 어민은 모두 알고 있는데, 인천은 어떤 대책을 세웠을까요? 모르거나 모르는 체하는 느낌이 듭니다. 비상입니다. 이 동영상을 시청하는 분도 경각심을 가져야 합니다. 섬에 갈 일이 있으면 바닷가에 어떤 상황이 벌어지는지 직접 확인하면 좋겠다고 생각합니다. 태평양에 존재하는 투발루란 나라 아시잖아요? 그 나라가 해수면 상승으로 사라질 수 있다는 사실은 이제 상식이 되었습니다. 인천 역시 비슷한 상황이 벌어지고 있다는 걸, 인식하면 좋겠습니다.

홍미영 아! 그러네요. 그냥 무심코 지내거나 잠깐 긴장하고 지나가던 현장 문제들을 소상하게 짚어 주셨습니다. 박 대표도 말씀 한마디 얹어주시죠.

박병상 오늘 아침 뉴스를 들으니, 인도 기온이 섭씨 52도였다네요. 그 상태에서 마실 물과 그늘이 없으면 볕에 노출된 사람은 1시간 이내에 치명상을 받을 텐데, 문제는 더 있습니다. 빙하가 사라진다는 사실입니다. 녹아 농업용수가 줄어들면 흉작이 예상되는데, 인도 일원의 20억 가까운 인구는 어디로 가야 할까요? 인천을 거론해볼까요? 아직 이렇게 할 피해가 보이지 않으니까 안심하네요. 정치인과 공무원은 느긋하기 짝이 없습니다. 위기는 점점 다가오는데 긴장감이 없는 겁니다. 제 기억엔 1998년도 강화에 하루 600mm의 비가 내려 사방이 할퀸 적 있습니다. 그때 "기상이변"이라는 말을 처음 들었는데, 기상이변은 이제 일상이 되었습니다. 머지않아 인천을 덮칠 겁니다.

강화는 바다 인근이니까, 빗물은 바로 빠져나가거든요. 그래서 눈에 띄는 피해가 드물었죠. 인천도 그런 면이 있는데. 지금 어떤가요? 갯벌을 싹 없애놨어요. 메운 갯벌 위에 초고층 빌딩을 지어놓는 데 그치지 않네요. 매립한 지역에서 'F1 그랑프리 경기'까지 열겠다는 소문이 들리는데, 해수면 상승이 염려되는 지역입니다. 세계에서 해수면이 제일 빨리 오르는 지역이 동북아고 동북아 중에 빨리 오르는 데가 단연 인천입니다. 왜냐? 인천엔 발전소가 많아요. 생산하는 전력보다 훨씬 많은 에너지가 발전소 인근 바다로 들어갑니다. 결과는 바닷물 수면이 높아지는 현상으로 나타날 수 있습니다. 태풍이 예전보다 훨씬 강해지고, 비도 많이 올 거라는데, 장차 어떤 일이 벌어질지, 상상해보자고요. 구불구불하던 리아스식 해안을 직선으로 메워 갯벌을 개발했어요. 직선으로 메운 해안은 바다에서 오는 재앙에 취약합니다. 제방을 높여도 한계가 있죠. 해수면이 해마다 상승하는 상황에서 재난을 온전히 막지 못해요. 해수면이 목욕물처럼 잔잔히 오르면야 예방이 가능할 테지만 재난은 그렇지 않잖아요. 느닷없이 밀려드는 바닷물은 예상 이상의 파고를 일으키면서 건물과 도로를 파괴할 겁니다. 수습이 어려울 것이고요.

다가올 재난을 염두에 둔 대비가 필요한데, 정책을 시행하는 사람은 제도가 없으면 움직이려 하지 않아요. '환경의 날'이 며칠 안 남았는데, 오늘 문을 연 국회에서 이제라도 관련 제도를 만들어야 하는데, 어떻지요.

홍미영 이제 다음 얘기로 풀어가고자 합니다. 현재의 기후위기, 특히 인천의 여러 어려운 환경문제, 그리고 제대로 대응하지 못하는 상황을 잘 설명해 주셨는데, 지방정치에 한계가 있는 걸까요? 중앙 정치와 행정이 제도를 바꿔서 대응하면 가능해질까요? 관련 이야기를 이어가면 좋겠군요. 총선에서 문제의식을 담아야 한다고 보는데, 이전과 달리 이번 총선에서 진지하게 언급된 부분이 '기후유권자'입니다.

여러 보도를 보면, 정치권은 한가했어요. 기후유권자에 대응하는 공약을 내놓거나 문제의식을 바탕으로 공약을 내놓은 정치인이 드물다는 보도가 나왔으니까요. 시민 3분의 1이 기후 대응에 문제 있다고 느끼는데 정치인의 관심은 그에 미치지 않다는 것입니다. 정당 공약에 슬그머니 없는 수준이 아니라, 22대 국회에서 적극적으로 나서야 한다고 봅니다. 21대 국회도 문제의식이 낮았는데, 이번 국회를 어떻게 움직이게 할지 두 분의 말씀을 이어가도록 하겠습니다. 장 대표가 먼저 해주시죠.

장정구 결국은 사람이 문제라고 생각합니다. 또 사람이 희망이란 얘기도 있잖아요. '사회 희망'이란 표현이 있는데, 결국 시민의 직접행동이 첫 번째이겠군요. 그리고 정책과 제도를 만드는 정치인의 경각심이 필요하겠습니다. 환경운동하는 저 같은 사람만이 아니죠. 우리나라가 가입한 국제협약이 여럿 있는데, 그중 기후변화와 해양보호구역을 확대하는 협약을 생각해보자고요. 우리도 2040년까지 해양보호구역을 30%까지 확대해야 하는데, 현실은 2% 수준도 안 됩니다. 시민과 정치가 할 일은 무척 많아요. 정부가 이런 과제를 제대로 추진하려면 국회의 역할이 중요하거든요. 과연 지금 22대 국회에서 의원들이 상황을 인지하고 있을까요? 저는 회의적입니다.

또 하나. 기후위기에 최선으로 대응하려면 에너지에 대해 분명한 자세를 가져야 합니다. 발전 과정의 개선과 재생에너지 확대에 관심이 커야 할 텐데, 현 정권은 부정적입니다. 그렇다면 의원들은 무엇부터 어떻게 움직여야 할까요? 현장을 가서 봐야 하거든요. 석탄화력발전소 현장에 찾아가 일하는 분의 고충을 인식해야 하는데, 통 움직이지 않네요. 모름지기 국회의원이라면 국회뿐 아니라 지역의 현황을 제대로 들여다봐야 해요. 시민도 관심을 두고 의견을 전해야겠죠. 그래야 변화를 이끌 테니까요.

홍미영 기후협약에서 에너지문제에 이르기까지 국회와 지방의회가 제 역할을 회피하지 않도록, 시민이 적극적으로 나서는 행동의 중요성을 얘기하셨습니다. 연장선으로 우리 행정 어떻게 하면 좋을지, 박 대표도 이어주세요.

박병상 평소 대접받으며 제도 만드는 의원은 잘 모르더라고요. 자료를 미리 제공해야 건성 끄떡일 정도라 답답하죠. 제도 필요성을 현장에서 절박하게 느끼는 분, 시민단체 활동가들이 특히 답답합니다. 시민운동으로 부족하다고 느끼니까, 활동가가 현실 정치에 뛰어듭니다. 오죽하면 그럴까요? 나무꾼도 그중 한 명이었습니다. 우리나라의 정치 토양이 척박해서 현실 정치 무대에 편입되지 못했지만, 조만간 달라질 거로 생각합니다. 왜냐하면, 기후위기가 심각하게 다가오니까요. 시민의식도 바뀔 거라고 저는 확신합니다.

기후유권자는 강합니다. 30% 넘는 유권자가 기후유권자라고 하잖아요. 저도 믿습니다. 10% 차이로 당락이 좌우될 때가 많은데 30% 유권자의 선택이라면 당락이 바뀔 거로 생각해요. 그렇지만 이번 선거 좀 달랐습니다. 정권 심판 성격이 강했으니까요. 앞으로 어떨까요? 기후유권자의 목소리가 커지면서 달라질 거라 믿습니다. 얼마 전, 당선자를 대상으로 기후유권자들이 질문하는 자리가 있었어요. 21대 국회에 기후 관련 특위가 있었지만, 형식적으로 끝났어요. 22대는 달라야 합니다. 기후위기에 경각심 가진 의원들이 관련 제도를 확실하게 만들어야 합니다. 있으나 마나 한 위원회를 더 만드는 게 아닙니다. 국회를 좌지우지할 위원회가 필요합니다.

아이 낳기 두려워하는 시민을 생각해봅시다. 시민이 안심하게 아이 낳고 살 수 있도록 기후위기에 대응하는 제도를 만들어야 하죠. 기후를 내세우고 당선된 의원은 아니더라도, 기후 의원으로 바뀔 가능성은 있어요. 우리 시민의 몫이 큽니다. 인도가 경험한 극단적인 기후가 우리나라엔 안 오겠습니까? 필리핀도 섭씨 50도가 넘었는데, 우리 의원도 귀가 있잖아요. 예수는 "귀가 있는 자는 들어라!" 했답니다. 귀가 열린 의원에게 우리가 분명히 말해야죠

홍미영 기후위기, 환경, 생태 관련 전문가들이 국회에 가야 한다는 생각인데, 그래야 국회와 정치권에서 관련 일을 제대로 할 텐데, 기후유권자 30%가 '정권 심판론'에 밀렸는지, 힘을 못 발휘했다는 생각에 동의하면서, 이어가겠습니다. 박 대표가 지속가능위원회가 부총리급으로 상설화하는 제안도 하신 걸로 알고 있거든요. 이번 총선에

당선되어 활동하는 의원은 귀를 열고 들어야 한다, 그래야 달라질 수 있다는 거, 우리도 인식해야 합니다. 촬영하는 우리 뒤의 화면을 봅시다. 푸른 나무와 청정한 공기가 느껴지는 영상의 옆에 50도가 넘는 폭염과 세계 곳곳의 가뭄, 그리고 초대형 산불도 보입니다. 반드시 되돌려서 새로운 일상을 만들자는 각오를 여실히 보여줍니다. 귀 있고 눈 있는 사람, 특히 정치권에 있는 사람은 새로운 제도로 만들기 바라는 마음입니다. 이야기를 이제 지방의회 주제로 바꿔봅시다. 지방정치에서 어떻게 해야 할 것인지, 장 대표께서 말씀을 이어주시면 좋겠습니다.

장정구 공약을 보면, 경제자유구역을 지정하겠다, 고도 제한을 완화하겠다, 그린벨트를 개발하겠다, 이런 공약들이 반복해 나왔습니다. 많은 독자는 도시에 살 텐데 도시에서 그린벨트가 어떤 의미가 있는지, 고도 완화를 위해, 건물을 높게 짓기 위해, 어떤 조치가 필요한지 곰곰이 생각해 달라고 부탁하고 싶어요. 도시에서 과연 이런 조치가 필요한 것인가? 아이들에게 필요할까? 생각해 볼 필요가 있습니다.

고도 완화를 볼까요? 건물을 높이기 위해 많은 재료가

필요하겠죠. 그중 모래를 보자고요. 모래는 어디서 오는 건가요? 어딘가에서 퍼내 도시로 가져오죠. 근데 도시는 콘크리트나 아스팔트에 덮이면 뜨거워져요. 건물부터 뜨거워질 겁니다. 피해가 아이들한테 먼저 전가될 겁니다. 돈도 중요하고 아파트값도 중요하겠지만, 아이들에 어울리는 것인지, 국민의 대표자를 자처한다면 생각해야 합니다. 구의원도 마찬가지잖아요. 도시 하천의 복원을 봐요. 관련 공약도 꽤 있었어요. 재생에너지를 확대하겠다는 공약도 있었죠. 그런 공약을 실천하기 위해 넘어야 할 사항이 많습니다. 동료 의원을 설득하기 전에, 우리 미래세대의 초롱초롱한 눈망울 보면서 집중해야 합니다. 하나뿐인 지구가 미래세대의 생존을 위해 조금은 더 지속할 수 있어야 하지 않을까요?

홍미영 기후유권자가 정치권의 정권 심판이라는 태풍에 밀려서 힘을 발휘하지 못했지만, 2026년 지방선거가 있죠. 그때는 기후유권자의 힘이 더욱 강할 겁니다. 심각한 문제를 정치권도 제대로 바라보고 의견을 정하리라 확신합니다. 앞으로 2년이 중요한 점검의 시간이 될 것 같습니다. 그런 점에서 22대 국회가 개원할 즈음, 환경의 날을 맞아 사단법인 '새로운 일상을 여는 사람들'에서 회원에게 입장문을 발표했습니다.

제22대 국회는 미래세대에 닥칠 파국을 반드시 막아야 한다는 내용의 입장문입니다. 청소년들이 자신의 앞날에 대해 얼마나 걱정하고 어른들에게 무엇을 부탁하는지, 그 이야기를 아프게 듣도록 하겠습니다. 청소년 얘기를 듣기 전에, 박 대표와 장 대표께서 마무리 말씀을 이어주시겠습니다.

박병상 청년에게 매우 미안하고, 뭔가 해주고 싶은데, 의외로 많은 청년이 담담하더라고요. 청년의 기후행동에 슬그머니 동참하면, 그들은 어른이 격려해주어 고맙다고 말해요. 한데, 기후행동에 나서는 청년은 환경문제를 일으키는 기업에 들어가고 싶지는 않다는 거예요. 그러니 경제적으로 쪼들려요. 맘껏 행동하기 어렵죠. 자, 여기 계신 분! 예전보다 잘살게 되었잖아요. 젊어서 돈도 벌고 퇴직금도 많이 받은 여러분들! 행동하는 젊은이를 지원합시다! 활동을 도와줍시다! "분노하고 싸우라."하고 유엔 인권위원회 위원장 스테판 에셀(Stjphane Hessel)이 얘기한 적 있거든요. 우리 기성세대가 애쓰는 젊은이를 지원했으면 좋겠습니다.

홍미영 우리 청소년이 제대로 분노할 수 있도록 지원하자는 아주 강력한 메시지를 마무리 말씀으로 주셨습니다. 우리 장 대표도 이어주시죠.

장정구 기후위기와 생물 다양성 위기를 극복하기 위해 반드시 바꿔야 합니다. 기후위기 적응을 위한 대응도 서둘러야 하죠. 지켜야 할 게 뭐냐? 인천엔 갯벌이 있고 섬과 바다가 있습니다. 바꿔야 할 건 뭐냐? 도시의 환경이 바뀌어야 합니다. 적응해야 할 건 뭐냐? 피해를 가장 먼저 입는 사람, 아이들, 나이 많은 어르신, 사회적 약자들입니다. 이들이 적응하고 대응할 수 있도록 국회에서 정책을 꼭 만들도록 구독자께서 힘을 좀 모아주시면 좋겠습니다.

홍미영 인천을 비롯해 지역에서 지켜야 할 것, 바뀌어야 할 것, 그리고 힘을 모아서 개선해야 할 사항을 정리했습니다. 특히 정치권에서 해 나가야 할 부분을 명확하게 요약하며 마무리했습니다. 이제 우리 청소년의 주장입니다. 미래세대의 주인공이 지금까지 두 분이 말씀하신 것들을 담은 고민이죠. 어떻게 어른에게 얘기하고, 약속하고 지키라고 요구하는지, 타성적인 삶을 바꾸고 개선해야 할지, 청소년의 부탁을 환경의 날을 맞아, 경청하겠습니다. 자, 나와서 얘기해 볼까요? 처음 이런 자리에 나와 얘기하기에 가슴 떨리겠지만, 가장 진정성 있고 친밀한 얘기를 들을 수 있을 것 같습니다.

박민주 안녕하세요. 저는 인천 갈산초등학교 6학년 박민주입니다. 다정하지만 때로는 엄격한 엄마 아빠의 보살핌을 받으며 하루하루 즐겁게 사는 대한민국의 행복한 어린이입니다. 제 부모님은 제가 자유롭게 공부하도록 언제나 배려해주십니다. 어른이 되어 어떤 일을 하더라도 격려할 거라 말씀하셔서 고마운데 이상하게 저는 저의 내일이 불안합니다. 코로나 때문만이 아닙니다.

한 학년 올라갈 때마다 점점 찾기 어려울 정도로 더워지는 날씨를 느낍니다. 곧 중학생인데 저는 아직은 잘 견디지만, 언제까지 안전할 수 있을까요? 저는 건강하게 어른이 될 수 있을까요? 지독한 가뭄으로 전라도 곡창지대가 바싹 마르고 예상을 벗어난 폭우로 금강이 범람해 해병대 장병과 지하차도를 건너던 시민이 희생되던 장면을 텔레비전으로 보았습니다. 기후변화가 만든 해외의 재난은 훨씬 무서웠습니다. 비가 드물게 내리는 리비아에서 작년 9월에 5천 명 넘는 시민이 희생되었다고 들었습니다. 3년 동안 내리는 비가 한꺼번에 쏟아져 생겼다는데, 올해 브라질은 80년 만의 홍수로 브라질에서 50명 넘게 희생되었다고 해요.

저는 건강하게 성장할 수 있을까요?

제가 하고 싶은 일에 마음껏 도전할 수 있을까요?

저와 제 부모님만 불안한 건 아닙니다.

기후변화로 생기는 재난은 우리나라로 다가오네요. 올 봄 필리핀과 베트남은 체온보다 높은 기온으로 에어컨 없이 숨쉬기조차 힘겨웠다고 합니다. 어린이와 노약자가 위험하다고 말씀하시는 부모님은 저를 걱정합니다. 제가 사는 인천은 바다 옆이고 부평은 아주 가까운데, 아빠는 기온과 수온이 오르면서 바닷물이 빠르게 올라오는 지역이라고 말씀합니다. 엄마는 세계의 기후학자들이 10년 이내에 대책을 세워야 한다는 주장을 얘기해 주셨어요. 저는 건강하게 성장할 수 있을까요? 장차 제가 하고 싶은 일에 마음껏 도전할 수 있을까요?

저와 제 부모님만 불안한 건 아닙니다. 저와 같은 초등학생들, 초등학교에 들어가지 않은 아기들, 저보다 나이 든 청년들, 그리고 우리 또래를 키우는 부모님들이 나섰어요. 헌법재판소에 안전한 국가를 만들어달라는 소송을 걸었던 거예요. 헌법은 국민의 환경권을 보장하는데, 현재 우리나라의 현재 환경법은 그 권리를 보장하지 못하나 봐요. 10년 안에 기후변화를 막아내지 못하면 미래세대는 위기를 맞을 수 있는데, 기업의 이익부터 생각하면서 미래세대의 위기를 해결하는 법을 만들지 않나 봅니다.

미래세대의 안전보다 기업의 이익이 중요할까요? 미래세

대의 안전과 행복 없는 내일은 아무 소용이 없습니다. 기업의 사장님도 아이를 키웠을 텐데, 자신의 아이를 희생시키면서 이익을 챙기려고 할 리 없습니다. 앞으로 많은 국가는 기후변화에 부정적인 기업에 불이익을 주겠다고 선언한다고 부모님은 여러 번 말씀하셨어요.

어린이의 소송을 받은 헌법재판소는 미래세대의 생존을 위해 현명한 판결을 하실 거라 믿습니다. 우리나라도 헌법에 맞은 환경법을 만들어야 합니다. 법은 국회의원이 만들잖아요? 이번 선거로 국회의원이 되신 분들께 부탁합니다. 우리가 행복하게 내일을 꿈꿀 수 있는 권리를 지켜주세요. 행복하게 살아갈 미래세대의 권리가 보장되어야 대한민국의 내일이 건강할 수 있으니까요. 저와 친구들의 마음을 모아 다시 간절하게 부탁을 드립니다. 제22대 국회는 국민의 환경권을 보장하는, 헌법에 따른 환경법을 만들어 미래세대가 안전하고 행복하게 살 수 있는 권리를 보장해라

2024년 6월 5일
환경의 달을 맞아 인천 갈산초등학교 6학년 박민주 올림

홍미영 오늘 '환경의 날' 특별한 특집으로 진행했습니다. 청소년의 목소리를 들으면서 정치권에서 다시금 새겨야 할 각

오를 나눴는데요. 다음에 인천의 국회의원을 모시고 위기 상황과 대응에 대해서 어떻게 생각하고 무엇을 준비하는지, 말씀을 듣는 시간을 갖도록 하겠습니다. 장 대표님과 박 대표님 감사합니다.

3

기후위기에 대응해야 할 국회의원

홍미영 안녕하세요. 지난 환경의 날, 우리 사회의 지속가능 발전과 기후위기를 다루는 대담을 했는데, 마칠 무렵에 10대 청소년이 "우리의 내일을 지켜주세요." 하며 절박한 목소리를 들려주었습니다. 그 청소년은 자신의 주장을 읽으며 울먹였고, 듣는 어른도 가슴이 답답했는데, 오늘 문제의식을 공유할 분을 만났습니다. 22대 국회가 열리고 있으니, 국회의원의 말씀을 듣고자 했는데, 기회가 닿았습니다. 정책 대안을 찾는 시간입니다.

부평을 지역구에서 활동하는 박선원 의원을 모시고 부평과 인천, 그리고 넓게는 대한민국의 위기와 극복 방안

GUEST **박선원** 제22대 국회의원 **김은경** 전)환경부 장관

에 대해 의견을 나누려고 합니다. 참석자를 소개하겠습니다. 적극적으로 의견을 표시하는 박병상 대표입니다. 환경부 장관을 역임하고 최근 국회 사무처에 '지구행동'이라는 사단법인을 등록해 이사장으로 활동하는 김은경 전 장관입니다. 주인공은 박선원 국회의원입니다. 22대 국회에 '지속가능 발전 연구모임'이 있는데, 적극적으로 참여하신다고 합니다.

모처럼 의미 있는 자리가 마련되었습니다. 얘기를 풀기 전에, 노무현 정부부터 지속가능 발전의 가치를 강조한 김은경 장관의 말씀을 듣고 박병상 대표, 그리고 박 의원의 말씀을 이어서 듣겠습니다.

김은경 지속가능 발전에 대해 사람들은 무척 어려워합니다, 이해하기 어렵다면서 문의하는 분이 많아요. 사회가 복잡해지면서 여러 문제가 발생하죠. 하나의 사업이나 정책으로 해결하는 것이 불가능하잖아요? 마찬가지로 지속가능 발전은 복잡하지만, 원리는 간단합니다. '황금알을 낳는 거위' 우화가 있죠? 그 우화처럼 생태계가 우리에게 주는 황금알, 다시 말해 지구가 우리한테 선사하는 서비스를 잘 보전하면서 그 범위 안에서 살아가는 것이 지속가능 발전입니다. 한데 우화처럼, 생태계 범위 내에서 살지 않고, 거위의 배를 가르는 욕심을 내는 거죠. 황금알 범위 안에서 사는지, 거위를 죽도록 괴롭히며 사는지 성찰하면서 문제를 풀어가는지 정책이 지속가능 발전이라고 할 수 있습니다.

홍미영 귀에 쏙쏙 들어오네요. 지구가 황금알을 낳는 거위인데 우리 세대가 황금알 낳는 거위의 깃털을 뽑고 배를 가르는 게 아닌가 싶어요. 각성하자 하는 것입니다. 환경 관련 저서를 여럿 발간한 박병상 대표께서 말씀 좀 보태시죠.

박병상 올해 벌써 체온을 넘는 기온을 기록했더라고요. 인천도 머지않아 폭염이 닥치겠는데요. 이런 상황을 위기 대응의 기준점으로 살폈으면 좋겠습니다. 힘과 돈이 있는 사람들의 개발과 발전, 그들 방식의 "잘 살아보자!"가 아니라, 미래세대도 건강하게 생존할 수 있게 배려하자는 대안입니다. 우리 기성세대는 제 아이를 위해 젊을 때부터 애썼는데, 돌이켜보니 아니었습니다. 미래세대를 위험에 빠뜨린 줄 사전에 몰랐거든요. 이제라도 알았으니, 새로운 일상을 열어야 합니다. 서둘러 '삶의 기준'을 바꿔야 합니다. 미래세대의 생존을 염두에 두는 제도의 마련입니다. 국가 기반이 되는 제도는 국회에서 만드니까, 국회

'지속가능발전'보다 '지속 가능성'을 목표 삼아야합니다.
계속 발전할 수 없으니까 돌이킬 수 있을 때
환경문제를 인식하고 대안을 모색해야죠.
살려면 분별없는 발전은 멈춰야 하죠.

의원께서 나서야 합니다. 많은 국회의원은 자식과 손주가 있겠죠? 그 아이들이 행복하게 살 수 있으려면 어떤 제도가 필요할까요?

홍미영 미래세대를 내세우지만, 현재 우리 제도는 기득권을 위해 존재합니다. 법과 제도는 국회의원의 몫이니까, 기후위기 시대를 앞두고, 미래세대를 위한 제도 마련에 관한 얘기를 나눴으면 좋겠다고 말씀하셨어요. 박선원 의원의 말씀을 듣겠습니다.

박선원 방금 말씀하셨는데, 체온을 넘어서는 기온, 그러니까 섭씨 36도를 오르내리는 초열대야를 경험했습니다. 그동안 25도 이상인 열대야를 겪었는데, 2035년경부터 열대야가 170일, 초열대야가 60일 정도 이어질 거라는 예보가 나와요. 우리나라 이야기입니다. 단순히 미래의 문제가 아닙니다. 해결해야 했던 위기라는 거죠. 때늦었더라도 해결책을 제시하자, 낙관론을 갖고 행동에 옮기자는 김은경 장관의 말씀에 전적으로 동의합니다.

늦었어도 당장 대안을 마련하지 않으면 위기가 바로 옵니다. 자기 집을 스스로 부숴버리는 자학으로 파멸로 가는 어리석은 인류, 인류의 마지막 세대가 살아가는 지금, 동시대인이 자각해야 한다는 위기감을 진정하게 느껴야

옳습니다. 김은경 장관께서 말씀하신 지속 가능한 발전을 다시 생각해 봅니다. 1980년대 말 UN에서 나온 개념이거든요. 덮어놓고 '서스테이너블 디벨롭먼트(sustainable development)'가 아닙니다. 지속 가능성 자체가 목표가 돼야 한다는 것입니다. 발전, 발전, 계속 발전할 수 없으니까, 돌이킬 수 있을 때 환경문제를 인식하고 대안을 모색해야겠습니다. 살려면 분별없는 발전은 멈춰야 하죠. 그런 각오가 필요하지 않나 싶어요.

홍미영 이 정도로 국회의원의 말씀과 의지가 분명하다면, 희망이 생깁니다. 22대 국회, 특히 박 의원의 활동을 기대합니다. 박선원 의원과 김은경 장관은 노무현 정부에서 함께 일하신 만큼, 기본이 있으시군요. 지속 가능성에 대한 적극적 의지를 표명하셨는데, 박 의원께서는 현재 국방위에서 활동하십니다. 지속가능발전 목표 중에 열여섯 번째가 평화이고, 바로 국방위가 관계하는 분야입니다. 윤 정부에서 평화에 대한 걱정이 많아요. 또한 인천은 평화와 긴밀한 관계가 있는 지역이죠. 그런 점에서, 평화를 지키기 위한 국방위 활동이 무엇인지, 박 의원님 말씀을 들어볼까요?

박선원 지구 위기를 초래하는 여러 이유 중에 전쟁이 무엇보다 심각한데, 국방예산을 생각해 보겠습니다. 국방부가 '기후 깡패'입니다. 기후 관점에서 위기를 촉발하는 존재입니다. 기후를 안정화하는 존재가 아니거든요. 국방예산을 볼까요? 국방예산의 1%만 환경문제와 기후위기의 해결에 투입해도 정말이지 기후위기 대응 목표 연도를 확 당길 수 있을 정도예요. 그래서 국방위가 평화뿐 아니라 환경 감수성 증진에 기여할 수 있다는 생각이 듭니다. 좀 좁혀서 지역구 말씀을 드리면, 제3보급단이라고 하는 땅, 그리고 캠프마켓이 지역에 새로 열린 땅입니다. 국방부에서 시민의 품으로 제대로 서둘러서 가져와야 합니다. 그 땅을 생태와 문화가 함께 공존하는 공간으로 만들기 위해 저는 국방위에 들어갔습니다.

홍미영 명쾌하게 국방위에서 가져야 할 지속가능 발전의 목표를 밝혀주셨습니다. 속 시원합니다. 환경위기 감수성이 국방 분야에도 필요하다는 말씀에 김 장관은 생각지 않은 의미를 얻은 것처럼 기뻐하시네요. 박선원 의원도 같은 생각을 가지니 다행입니다.

탄소중립 이야기로 들어가겠습니다. 얘기하기조차 답답한데, 인천은 세계에서 손꼽히는 기후 취약 도시입니다. 인천시는 대응을 잘하나요? 전혀 동의할 수 없어요. 인천시는 탄소중립을 중앙정부보다 앞당겨 달성하겠다고 장담하던데 어떤가요? 오래 환경운동에 매달리며 인천시 탄소중립을 걱정하는 박병상 대표는 어떻게 해석하실지 궁금해요.

박병상 글쎄요. 계획은 거창하네요. 하지만 계획으로 탄소중립이 저절로 달성되는 건 아니고 행동과 실천이 중요한데, 정작 정책은 관심 없는 방향으로 진행됩니다. 인천에 화력발전소가 거대합니다. 내보내는 이산화탄소의 양도 문제지만 거기에서 그칠 수 없어요. 화력발전소는 생산하는 전력보다 많은 에너지를 바다로 버립니다. 바다가 따뜻해지면서 물의 부피를 키우며 해수면을 높이는 거예요. 그런 상황을 외면하네요.

인천시는 대안으로 관 끝만 보려고 합니다. 수소나 암모니아로 해결하겠다는 의지를 드러내니까요. 관 앞, 다시 말해서, 근본을 외면합니다. 인천 이외 지역에서 화력발전소 연료를 생산하려고 이산화탄소를 펑펑 내보내는데, 관 끝, 그러니까 인천의 화력발전소에 수소나 암모니아를 태우겠다고 말합니다. 인천 이외 지역에서 암모니아를 생산하는 과정을 생각해봅시다. 그때 발생하는 이산화탄소는 현재 인천의 화력발전소보다 많을 겁니다.

인천시는 그런 사실에 신경 쓰지 않는다는 거죠.

늦기 전에 시민이 삶의 방식을 바꿔 에너지 사용을 줄여야 합니다. 인천시는 삶을 전환하는 정책에 투자해야 하는데, 엉뚱합니다. 한사코 외면하네요. 송도신도시에서 'F1 경기대회'를 유치하겠다는 소리가 나옵니다. 거대한 차들이 도시 복판을 앵앵거리며 다니는 모습에 요즘 사람들이 열광할까요? 착각이 심해요. 그런 상상으로 시민이 쾌감을 가질 거라며 정책을 내놓는 상황에서 어떻게 탄소중립을 이루겠습니까? 정책 열거보다 중요한 건, 하나라도 진정성으로 시민 앞에서 솔선수범하는 자세일 겁니다. 시민과 손잡고 당장 탄소중립 정책 실현을 준비해도 될까, 말까인데, 중앙정부보다 5년 빠른 2045년 탄소중립이라니. 어처구니없습니다. 사실 2045년도 빠른 게 아니거든요. 이대로 가면 정말 위험할 수 있습니다.

홍미영 아휴. 2045년 탄소중립을 발표했지만, 계획만으로 효과가 이어지지 않는데, F1 그랑프리 대회를 유치한다니요. 송도신도시 복판에서 자동차 경주를 하는 모순을 지적하셨습니다. 세계 최다 규모인 인천의 화력발전소에 대해 아무 대책 없이, 수온 올라가는 위험을 직시하지 못하는 태도, 대책을 근본에서 끌어내지 못하는 인천시의 모순적이고 가식적인 자세만 보여준다는 지적이었습니다. 김은경 장관도 인천에 대해서 잘 알고 계시니까 이어주시죠.

김은경 사는 분만큼 알지 못하지만, 부평 지속가능 발전을 관계하면서 인천시에 관해 관심을 가지게 되었는데요. 인천시 대응이 특별한 건 아닌 것 같습니다. 지방자치단체 대부분이 비슷한 패턴으로 가고 있거든요. 다시 말씀드리면, 기후변화 대응이 무슨 산업 정책인 것처럼, 성장 정책인 것처럼 인식하는 사람이 만들어내는 정책이라는 것이 대개 그런 거죠. 앞에서 줄이는 자세를 취하지만, 실제 뒤에서 탄소 배출을 늘리는 정책이라는 걸 인식하지 않거든요. 모르는 게 아니라 외면하는 거죠. 저는 인천시가 두 가지를 더 고민했으면 좋겠다고 생각합니다. 우선 지속가능 발전의 가치가 무엇인지를 이해해야 해요. 그것 없이 산업 정책처럼 기술적으로 대응하는 정책은 문제를 키우는 것이고요. 다른 하나는 시민 참여를 어떻게 이끌 것인가입니다. 확실한 정책과 실천이 뒷받침되지도 않고 성과를 내기 어렵거든요. 시민 각자의 삶을 어떻게 바꿀 것인가를 포함해, 어떤 방식으로 사회를 바꿀 것인가를 함께 논의하는 참여가 확대되어야 하는데, 그렇지 못하네요. 인천시의 현 정책이 나온 배경이 아닐까, 생각합니다.

홍미영 지속 가능성에 대한 가치와 시민 참여를 두 분께서 강조해주셨는데, 박선원 의원께서도 이어주시죠.

박선원 저도 한두 2가지 보태겠습니다. 박병상 대표께서 중요한 말씀을 하셨습니다. 영흥도에 화력발전소 두 단지가 있습니다. 1단지에 4기, 2단지에 2기입니다. 영흥화력본부가 인천 전체 온실가스 배출량의 몇 프로를 차지하는지 아십니까? 57%나 돼요. 한번 생각해 보세요. 인천 온실가스 배출량의 57%를 차지하는 영흥화력발전본부 두 단지의 전력 중에 인천은 41%만 소비해요. 그러니까 발전량의 60% 가까운 전력은 인천 외 지역에서 쓰고 있다는 거예요. 그렇다면 한 단지라도 정지할 수 있잖아요. 발전량의 절반도 못 쓰는데, 왜 두 개 단지의 발전 시설을 가동하냐는 말이에요.

인천 온실가스 배출량의 57%를 차지하는 발전 시절 중에 하나만 줄여도 되는데, 그런 일은 하지 않으면서 무슨 탄소 포집 장치를 한다느니. 에너지 세이브 시스템이나 에너지 전략을 세운다고 주장하는데, 모두 헛소리입니다. 간단히 말씀드리겠습니다. 지금 배출하는 거 당장 줄이십시오. 왜 엉뚱한 방식으로 탄소중립 운운하는 겁니까? 불가능한 이야기입니다. 서구 검단에는 약 75만 평 정도의 제3 매립지가 있습니다. 그 매립지는 다 뭔가요? 잔디까지 깔려있어서 안정화 단계에 있는데, 땅이 조금씩 지속해서 가라앉아요. 앞으로 어떤 시설도 쉽게 도입할 수 없을 정도예요. 그렇다면, 거기에 풍력발전과 태양광 발전 설치를 고려할 수 있어야 해요.

인천 서구의 매립지에 풍력과 태양광 발전을 하면 영흥 화력발전소 한 기 정도의 전력을 생산할 수 있습니다. 그 정도면 계양 테크노단지에 충분히 공급할 수 있어요. 계양테크노밸리는 'RE100'을 구축할 수 있겠군요. 리뉴얼 일렉트릭(renewal electric)으로 가능하다는 뜻입니다. RE100은 재생 전기에너지 100%라는 뜻이거든요. 재생 전기 100%로 공급하면 계양 테크노밸리는 반도체 공장을 얼마든지 유치할 수 있어요. 반도체가 부가가치가 얼마나 큽니까? 탄소중립도 하고, 화력발전소도 안 쓰고, RE100 산단도 만들 수 있잖아요. 그런 생각은 하지 않으면서 무슨 F1 그랑프리 대회를 유치한다고 하는지, 또 다른 기후 깡패를 보는 듯합니다.

홍미영 박병상 대표는 박 의원의 말씀을 듣고에 속이 시원하겠어요. 기후 깡패와 다름없군요. F1 그런 대회를 유치하지 말고 화력발전소 하나 없애도 온실가스의 상당 부분이 줄어들 겁니다. 풍력과 태양과 발전으로 공단 에너지를 공급하는 방안까지 권고하셨습니다. 인천에서 절실하게 필요한 부분입니다. 탄소중립에 대한 현실적인 얘기를 좀 나눠봤고요. 다음에는 기후변화 대응 관련한 주제입니다.

온실가스 줄이는 것이 기후변화 대응에 가장 중요한 일이라면 두 번째는 기후변화에 적응하는 것일 겁니다. 재난 대응 계획이 제대로 되지 않을 때 닥칠 수 있는 재해에 대한 일입니다. 시민의 안전을 지키는 것이지요. 그중 하나가 폭염입니다. 폭염은 한편, 해안보다 부평에 밀집된 주거처럼, 취약 지역, 취약계층에 집중되는 문제가 있다고 봅니다. 그 부분은 박선원 의원께서 먼저 말씀하시고 두 분의 말씀을 이어서 듣도록 하겠습니다.

박병상 지난주에 비가 많아 걱정이 컸습니다. 굴포천을 생태하천으로 개선하며 어떻게 변화시킬 것인가? 홍수로 굴포천에 범람이 일어나면 어떻게 대처할 것인가? 이런 걱정을 하며 왔는데 오늘부터 폭염입니다. 섭씨 32도를 보이더군요. 오는데 애를 썼을 텐데, 32도가 되면 취약계층이 걱정입니다. 가난한 사람일수록 기후위기에 취약하거든요. 겨울에 전기 끊어져도 고통이 크지만, 폭염 대책도 없어요. 반지하에 살거나 독거노인이라면 특히 고생이 많은데, 동 이름까지 말씀드리진 않겠지만, 부평에 몇 군데 주거 사정이 곤궁한 만큼 취약해요.

홍미영 재개발, 재건축이 필요할 텐데. 연립주택이나 다가구 주택의 환경에 사는 분들은 정말이지, 선풍기로 대책이 안 되거든요. 아침부터 급해서 구청에 이야기하고 동장을 찾아가서 서둘러 대책을 세워야겠다고 생각했어요. 부탁하지 않으면, 바빠서 서둘러 움직이지 못하거든요. 폭염에 노출돼 밤새 고생하면 건강이 쇠약해집니다. 돌아가시는 경우가 있어요. 걱정이 많습니다.

김은경 에 그래요. 그런 동네도 현장에서 꼼꼼히 살펴보시면서 행정에서 잘 대응하도록 챙기시는데, 걱정이 큽니다. 박병상 대표도 얼마 전에 말씀하셨어요. 올여름 주거가 취약한 데에 사는 어르신의 고통이 클 거라고 걱정했는데, 그린피스 영상을 보면 해수면 상승에 의한 피해가 나옵니다. 인천공항이 잠기는 얘기도 나왔는데, 기후변화 관련해서 취약 지역의 거주지 문제에서 그치지 않죠. 해수면이 올라가면서 닥칠 재난에 대해 인천시 대응, 그런 거 말씀하시려면 답답하시죠?

박병상 오래전부터 나온 얘기인데, 반지하에 사는 분에 대한 대책은 인천시 역시 분명하지 않은 것 같아요. 저는 아파트 3층에 사는데, 만약 비가 많이 오고 인천 바다가 범람한 상태에서 해수면이 상승한다면 재난이 올 수 있습니다. 홍수와 바닷물이 밀려오면 나는 3층에서 더 위로 얼른 올라가면 당장 모면할 수 있겠지만, 그럴 수 없는 사람은 어떡하죠? 2003년인가? 프랑스에 열파가 와서 7만 명이 죽었습니다. 프랑스 주변 국가까지 합한 재해가 그랬는데, 대부분 가난한 사람들이었습니다. 특히 여성들이었죠. 자식에게 생명을 양보한 거죠.

지금 우리는 3층에서 꼭대기로 올라가는 데 걸리는 시간만큼 여유가 있다고 생각합니다. 이 상황에서 우리가 해야 일이 무엇일까요? 그래서 '기후적응'이라는 주제는 정말 중요합니다. 기후적응은 에어컨으로 더위를 식히는 게 아니잖아요. 폭염이 닥치지 않게 하려면 우리 삶을 어떻게 바꿔야 할까? 불편함을 잃어버린 지금과 같은 삶은 아닙니다. 탄소 없이 행복하게 살 수 있는 삶을 찾아야 합니다. 새로운 일상이죠.

홍미영 역시 '새로운 일상을 여는 사람들'을 이끌어가는 대표다운 주장입니다. 삶을 바꿔야 한다, 불편하더라도 새로운 일상으로 실천해야 한다고 말씀하셨는데, 장관께서는 기후변화 적응에 고려해 다른 말씀이 있을까요?

김은경 박병상 대표께서 말씀하시니 생각나는데요. 사실 우리나라는 에어컨을 너무 많이 쓴다고 봅니다. 저는 에어컨은 실내 열기를 바깥으로 뽑아내잖아요. 바깥에 다니는 사람들한테 열을 심각하게 몰아주는 시스템이에요. 차 타는 사람은 느끼지 못하는데, 걷는 사람은 불쾌하거든요. 저소득층도 어렵게 하는 거죠. 청장일 때 지역을 챙기며 대책을 세우셨는데, 시각을 크게 보면, 기후변화는 사실 모든 것에 영향을 미칠 수 있어요.

예를 들면, 세계 농업을 망가뜨리기 때문에 식량문제도 엄청날 겁니다. 우리가 식량문제에 어떻게 대응할 것인가? 우리나라 작황 안 좋으면 수입하면 해결되는가? 아니거든요. 다른 나라도 기후변화 피해로 생산물이 줄 겁니다. 그 국가는 자국민을 먼저 먹여야 하니 식량 수출을 막을 겁니다. 수출 금지는 국제사회에서 일상이거든요. 우리나라 역시 폭염과 침수에 대응해야겠지만, 기본적으로 식량 대책이 중요합니다. 먹고 살 수 있는가, 이런 것 굉장히 중요해요.

홍미영 기후위기 차원에서 어떻게 영향을 미치고 대응해야 하는가를 모든 영역에서 검토하고 대책을 세우는 게 필요하겠습니다. 국회에 계시니까 박선원 의원께서 포괄적인 대응을 소개해 주실 수 있으신지 궁금합니다. 김은경 장관도 국회의원의 지속가능 발전 모임을 같이 하니까, 더 다양하고 포괄적인 대책을 준비할 거로 생각합니다. 부평 대안의 하나를 살펴볼까요? 박 의원께서 '10분 생활권 교육 계획'을 공약으로 채택하셨어요. 식량문제를 논의했는데, 박병상 대표는 평소 '15분 자족도시'를 대안으로 주장하죠? 연관하면 의미가 크다고 봅니다. 그 이야기를 나누면서 마무리하도록 하겠습니다.

박선원 성경에 "세상에 새로운 건 없다."라는 말씀이 있죠. 제가 공약으로 제시했습니다만, 엄밀히 말씀드리면 새롭다기보다 홍미영 이사장의 지도편달이라고 생각합니다. 많은 분이 계획하고 고민한 성과물을 허락 없이 사용한 측면이 있습니다. 그만큼 절실하기 때문입니다. 15분 생활권 계획은 기후를 생각하며 더 나은 환경을 고민하는 박병상 대표와 홍 이사장께서 지속해서 관심을 가졌지요. 저는 도보 10분 거리에 기본 생활시설을 배치하는 도시를 생각합니다. 교육시설, 마을의 관공서, 도서관, 공원은 걸어서 10분 거리 안에 배치할 수 있습니다. 병원, 쇼핑, 예술, 문화, 체육시설은 자동차로 10분 이내에 위치할 수 있죠. 부평은 그렇게 넓지 않은 지역을 마을로 조성할 수 있습니다. 그 공간에 이와 같은 시설을 밀집한다면 10분 생활권이 가능하겠다고 생각합니다.

캠프마켓을 활용할 수 있겠죠. 제2의료원이 들어온다던데, 인근에 생활, 문화, 역사 공간을 넣으면 캠프마켓 중심으로 도보로 10분 생활권이 조성될 수 있을 겁니다. 원적산에서 철마산으로 쭉 내려오면 제3보급단이 있죠. 국방위원회 소속이라 가보았는데, 땅이 참 좋더군요. 저는 긍정적으로 생각합니다. 자동차로 10분 이동할 공간을 조성할 수 있을 거로 생각합니다. 캠프마켓은 토지 정화가 안 끝났나요? 마쳤다면, 바로 사업에 들어갈 수 있을 겁니다. 중대 규모의 편입시설을 넣으면 10분이나 15분 생활권의 자족도시가 가능하지 않나 싶네요. 구청장 시절부터 관심 있던 지속가능 발전, 환경부에서 김 장관께서 고민했던 구상이 성사될 수 있겠죠. 박병상 대표께서 관심 보이는 부분을 시범적으로 시행할 수 있을 거라는 희망에 차게 됩니다.

홍미영 지금까지 얘기하면서 거론했던 것들을 박선원 의원께서 더 확실하게 구상해 주셨네요. 도보로 10분 안에 이런 생활이 가능할 수 있다는 거, 상상하니 가슴이 벅찹니다. 박병상 대표가 얘기하는 '15분 자족도시'는 이미 유럽에서 실천한다고 하는데, 유럽의 예가 우리가 지금 이야기하는 개념과 비슷하겠죠? 결국 목표는 지속 가능한 도시일 텐데, 박병상 대표의 말씀을 청하겠습니다.

박병상 "지속가능 구상하기", 여태 여기저기를 돌아다니며 그 얘기를 해왔잖아요. 정치권이나 행정에서 논의를 잇기 바라는 마음입니다. 흔히 GTX가 우리 도시를 서울과 가까이 이어준다고 믿습니다. GTX가 개설되면 부동산 경기를 크게 일으킬 거라는 꿈을 갖는 사람도 많은데, 저는 다르게 생각합니다. 서울로 쉽게 이동시킬 GTX는 오히려 지역을 떠나게 촉진하는 교통편이겠죠. 지역을 서울에 종속시키니까요, 자신이 사는 지역을 고향처럼 느끼게 하는 데 거의 도움이 되지 않는다고 믿습니다.

'15분 자족도시'의 기본적인 개념은 'FEC 자급권'입니다. 자급이 중요해요. FEC에서 F는 식량, Food입니다. E는 에너지(Energy)이고 C는 돌봄(Care)입니다. 노인과 어린이, 장애인에 대한 돌봄이죠. 걷거나 대중교통으로 10분 이내, 또는 걸어서 15분 이내에 충족되는 도시라면 지속 가능성이 가능해질 겁니다. 오래전에 간디는 인도가 소통하며 나누는 70만 개의 자급할 수 있는 마을의 공동체를 희망했습니다. 그런 공동체의 실현을 위해 식량 자급이 중요합니다. 실제 유럽의 많은 도시는 곳곳에 텃밭을 조성했어요. 마을 주민은 텃밭에서 이웃을 만납니다. 이웃과 마을 문제를 이야기하면서 민주주의를 키우거든요. 공동체 안에 '강한 민주주의'가 정착하게 되죠. 유럽에서 텃밭이 없는 마을은 민원이 등등해요. 텃밭을 조성하지 못하는 시장은 개선이 어려우니까, 낡은 아파트를 헐어낸 자리에 텃밭을 만드는 도시까지 봤다니까요? 우리는 참 아쉽습니다. 있는 텃밭을 없애고 아파트를 만드는 형편이니까요.

프랑스 파리 시장인 안 이달고(Anne Hidalgo)는 자동차를 멀리하는 도시를 추구합니다. 자전거로 충분히 다니는 도시를 만들면서 인기를 높이죠. 남의 나라 이야기에서 그쳐야 할까요? 부평을 생각해보자고요. 충분히 시작할 수 있다고 생각해요. 박 의원의 제3보급단 얘기를 들으니, 저도 현장을 가보고 싶습니다. 땅이 좋다고 하니까, 그 장소에 우선 텃밭을 조성하면 좋겠어요. 수확 후 마을 잔치를 벌일 수 있으면 좋잖아요. 텃밭을 가꾸는 과정에서 민주주의가 싹틀 수 있습니다. 부평에서 성공 사례를 만들면 좋겠습니다. 다른 지역으로 전파될 수 있으니까요.

홍미영 와, 상상이 즐겁습니다. 이야기를 시작하기 전보다 지금, 박병상 대표의 표정이 밝아지네요. 특히 박 의원을 바라보면서 "잘해 보자!"하는 의지가 보여요. 두 분께서 낙관적인 꿈을 전하셨어요. 박 의원께서 열심히 메모하셨답니다. '15분 자족도시' 구상에서 저희 가슴에 담는 건 지속 가능성입니다. 15분 이내에 이웃을 만나는 도시, 그것도 자동차가 아니라 걸어서 말이죠. 텃밭 같은 공간에서 마음을 나누며 함께 땀 흘릴 수 있는 마을을 군부대도 제공할 수 있다는 희망이 생깁니다. 실현된다면, 군부대를 변화시킬 수 있다는 긍정적 사례가 탄생하리라고 봅니다.

이제 마무리할까요? 오늘 우리가 같은 꿈을 꾸면서 이야기를 나눴습니다. 방향과 역할, 그리고 다층적인 협력에 관한 이야기는 다시 논의하기로 하고, 김 장관께서 정리 말씀을 하고 박 대표와 박 의원의 말씀을 이어 듣겠습니다.

김은경 여기까지 논의한 핵심을 생각해 봅니다. 저는 '신자유주의 경제'라는 세계적 사조를 거론하고 싶어요. 신자유주의를 어떻게 극복할 것인지, 많은 주장이 있는데요. 그중 하나, 저는 국가 역할을 대단히 중요하다고 여깁니다. 제대로 극복할 수 있으니까요. 그동안 국가 역할이 경제 성장으로 인식했지만, 오해였어요. 앞으로 국가 역할을 정정해야 합니다. 국민의 안전하고 안정적인 삶을 보장하는 것, 돌보는 것이 되어야 한다고 생각하거든요. 국가가 지속가능 발전이라는 가치와 수단을 잘 통합해서 국민의 삶을 보존하는 본연의 역할입니다. 그 역할을 회복하면 좋겠습니다.

홍미영 저 역시 대단히 바라는 바인데, 오늘 김은경 장관께서 큰 역할을 열어주실 거 같아서 기대가 아주 큽니다.

박병상 처음 얘기했고 김 장관께서 말씀하셨지만, 이제 우리 패러다임을 바꾸자고 말하고 싶습니다. 발전보다 미래세대의 지속 가능한 생존을 위해 제도를 바꿔야겠다는 겁니다. 시민단체에서 국회에 특별위원회를 만들자고 제안합니다. 국회에서 특별위원회를 많이 만들었는데, 보통은 회의 몇 번으로 끝나거든요. 상설위원회가 되어야 합니다. 예산을 도입할 권한과 법과 제도를 제안할 수 있는 특별위원회로 설치되기를 바랍니다. 어떻게 해야 시민단체가 생각하는 특별위원회를 도입할 수 있는지, 늦기 전에 논의할 수 있기를 바랍니다. 그런 제도를 만드는데 박선원 의원님께서 횃불을 들어주시면 어떨까요? 마음이 비슷한 의원이 많이 있을 거예요. 의원도 자식을 키우잖아요? 미래세대를 생각하는 정책의 출발이 될 겁니다.

홍미영 예. 좋은 생각입니다. 22대 국회가 달라지고, 횃불을 드는 의원 중에 박선원 의원께서 앞장서주기를 바라는 말씀이었어요. 박 의원도 이어주세요.

박선원 저는 딕 체니가 부통령이던 부시 정부 때 백악관을 자주 방문했는데요. 이 사람들은 환경에 예산을 쓰고 싶지 않을 때, 말 바꿔요. 글로벌 워밍(global warming)! '지구온난화'를 이야기하니까, "지구의 기온이 올라간다는 증거가 있느냐? 기후란 변하기 마련"이라면서 "글로벌 워밍"을 "클라이매이트 체인지"(climate change)로 바꾸더라고요. 객관적인 어휘로 보이지만, 아닙니다. 위기가 아닌 것처럼 위장하는 표현이거든요. 그래서 저는 "클라이매이트 크라이시스"(climate crisis), 지금은 "기후위기"라는 용어를 써야 한다고 주장합니다. 또한 지속 가능성보다 지속성 자체가 중요하다는 의미로, 생존, 서바이벌(sustainability), 다시 말해, 지속할 수 있는가 없는가를 무엇보다 우선해야 한다고 봅니다. 젊은 세대를 생각해보아요. 이대로 가면 정말 희망이 없잖아요.

언제나 2030년 세계 평균기온이 섭씨 1.5도를 돌파하면 지구가 망한다고 말은 하는데, 청년세대가 보기에 5년이면 멀어요. 5년 되기도 전에 1도 이상 올랐잖아요. 어떤 이는 지구 자전축을 걱정해요. 자전축이 바뀌어서 지구 항상성이 깨질 거라는 두려움을 이야기합니다. 그래서 우리는 뭔가 해야 하고, 촛불도 들어야겠지만, 지구를 파괴한 원인 제공자가 되고 만 세대로서 책임 있는 행동을 해야 합니다. 미래세대를 위해, 지구를 위해, 청년세대와 같이 행동해야 합니다.

홍미영 그래요. 오늘의 문제를 유발한 우리 세대가 반드시 지구의 내일을 책임지고 보전하자, 젊은 세대와 함께 행동하자는 의지를 22대 국회에서 적극적으로 펼치시겠다는 다짐입니다. '지속가능 발전'이기보다 지속성을 염두에 두는 절박함을 잘 말씀해주셨습니다. 이번 논의는 마쳤지만, 앞으로 실행해야 할 여러 숙제를 어떻게 풀어가야 할까요? 그게 남은 사명입니다. 낙관하고 싶어요. 그 낙관을 우리 의원, 장관, 그리고 대표와 함께 행동하면 가능성을 볼 겁니다. '새로운 일상을 여는 사람들' 동영상을 구독하는 구독자분들도 우리와 함께 같은 마음일 거라 믿습니다.

오늘 자리는 박선원 의원의 배려로 의원실에서 논의와 촬영의 장소를 마련했습니다. 의정활동 중임에도 영상 관련 일원이 의원실로 모였죠. 얼마든지 시민과 미래세대의 의견을 담을 공간이라는 걸 보여주었고요. 그런 점에서, 오늘 이 자리의 이야기들이 의회와 사회에 잘 전달되리라고 생각합니다. 바깥 날씨가 더워도 우리 마음은 새로운 희망으로 부풀어 올랐네요. 동영상을 마치고요. 다시 뵐 때까지 안녕히 계십시오. 감사합니다.

나가는 글

5년 전 코로나19 사태를 겪으면서 위기감으로 모인 '새로운 일상을 여는 사람들'은 비록 작은 인원이지만 '더 나은 미래시대를 준비'하자는 소중한 뜻을 잃지 않으려고 했습니다. 그를 위해 비영리 사단법인으로 등록하고, 기후위기 대응과 지속가능발전 세상만들기에 의기투합해서 실천활동을 해왔습니다. 유튜브 방송 등 쉽지않은 활동을 하면서도 아무도 금전적 보상을 원하지 않았고 절박한 마음에서 시간과 재능을 나누었지요. 감사합니다.

현실적으로 매우 번거로운 영상 작업을 31회 방송되도록 맡아주신 영상전문가 김현회 선생과 김태식 PD에게 먼저 감사합니다. 아끼는 시설과 장비를 언제 어디서든 총동원해서 의미 있는 영상을 담았습니다. 생업 중에도 시간을 쪼개서 기획과 촬영, 편집에 애쓴 김진용 선생과 김종호 선생, 늘 밝은

얼굴로 일을 준비하고 뒤처리를 마다하지 않는 문새미님의 노고를 빼놓을 수 없는데, 무엇보다 아무런 대가 없이 기꺼이 찾아와 귀한 경험과 고견을 진정성 담아 전해주신 초대 손님 여러분께 진심으로 고마운 마음을 표합니다. 그리고 이런 공동 작업은 박병상 대표가 늘 곁을 지켰기에 가능했고 바쁜 중에도 틈틈이 진력해주신 황순우 이사님의 노고에도 감사드립니다.

많은 분의 노고가 모여서 만든 유튜브 방송은 생각보다 어려웠어도 여러 가지 보람이 컸지요. 처음 기획에는 토크 영상 촬영 전에 취지에 아울리는 음악을 삽입하기도 했어요, 책에 표현하기 어려워 아쉬운데, 당시 참여한 성악가가 열창한 〈그대 걱정하지 말아요〉를 소개하고 싶은 마음입니다. 또한 영상을 책을 엮으면서 20분(1회 분량) 영상을 활자로 바꿨지만, 가끔 초대 손님의 말씀이 중요하거나 넘칠 때는 2회로 나눈 영상을 한 개의 챕터로 묶었기 때문에 그 글의 분량이 길어졌습니다. 특히 '기본소득'편이 그러했지요. 영상을 글로 정리하면서 성의를 다한 편집진의 노고에 큰 빚을 졌습니다. 영상팀과 함께 책 편집기획에 도움을 주신 이창숙 이사님과 박홍석 님은 물론 우리 변덕을 잘 참고 수고를 아끼지 않은 도서출판 다인아트 윤미경 대표님에게 감사합니다.

5년 동안 긴장을 풀지 않은 '새로운 일상을 여는 사람들'은 이러저러한 일에 치여 의도한 만큼의 영상 작업과 유튜브방송에 매진하지 못했지만, 그 연장선 작품으로 책을 펴낼 수 있어서 참으로 기쁜 마음입니다. 마치 광산에서 채굴하는 어려움 끝에 금을 얻을 때 같은 보람을 느낍니다.

　유튜브 방송과 책 출간을 계기로 '깨어있는 시민의 조직된 힘'을 새삼 경험했습니다. 힘들거나 아쉬움이 있다고 그만둘 '새로운 일상을 여는 사람들'이 아니라는 걸 확인합니다. 코로나19 같은 위험한 감염병, 최악을 경신하는 기후위기에서 벗어날 새로운 일상을 위해, 운동화 끈을 단단히 조일 겁니다. 지속가능한 내일을 위해 마땅한 일이기 때문입니다. 마음을 모아주십시오. 도종한 시인의 〈담쟁이〉 마지막 소절로로 마무리 인사를 전합니다.

...

한 뼘이라도 꼭 여럿이 손을 잡고 올라간다
저것은 넘을 수 없는 벽이라고 고개를 떨구고 있을 때
담쟁이 잎 하나는 담쟁이 잎 수천 개를 이끌고
결국 그 벽을 넘는다.

(사)새로운일상을여는사람들 이사장 홍미영

새·상·사의 첫 이야기

반드시 열어야 하는 새로운 내일
지역공동체, 전염병, 기후, 기본소득

초판 1쇄 발행 / 2025년 7월 21일

엮은이 / (새)새로운일상을여는사람들
펴낸이 / 윤미경
펴낸곳 / 도서출판 다인아트
    출판등록 1996년 3월 8일 제87호
    인천광역시 중구 제물량로232번안길 13
    tel. 032+431+0268 / fax. 032+431+0269
    e-mail. dainartbook@naver.com

ISBN 978-89-6750-167-9(03330)

※ 잘못된 책은 바꾸어 드립니다.
※ 이 책의 일부 또는 전부를 재사용하려면 반드시 저작권자와 출판사 양측의
   동의를 받아야 합니다.